Ana Claudia
Quintana Arantes

A morte é um dia que vale a pena viver

Copyright © 2016 e 2022 por Ana Claudia de Lima Quintana Arantes

Todos os direitos reservados. Nenhuma parte deste livro pode ser utilizada ou reproduzida sob quaisquer meios existentes sem autorização por escrito dos editores.

preparo de originais: Sibelle Pedral
revisão: Carolina Leal, Gabriel Machado, Hermínia Totti, Jean Marcel Montassier, Juliana Souza, Rita Godoy e Sheila Louzada
diagramação: Gustavo Cardozo
capa: Angelo Bottino e Fernanda Mello
imagem de capa: RyanKing999/ iStockphoto
impressão e acabamento: Associação Religiosa Imprensa da Fé

CIP-BRASIL. CATALOGAÇÃO NA PUBLICAÇÃO
SINDICATO NACIONAL DOS EDITORES DE LIVROS, RJ

A683m   Arantes, Ana Claudia Quintana
A morte é um dia que vale a pena viver/ Ana Claudia Quintana Arantes. Rio de Janeiro: Sextante, 2019.
144 p.; 14 x 21 cm.

ISBN 978-85-431-0839-1

1. Morte - Aspectos psicológicos. 2. Perda (Psicologia). I. Título.

19-58853   CDD: 155.937
                                   CDU: 159.942.5:393.7

Todos os direitos reservados, no Brasil, por
GMT Editores Ltda.
Rua Voluntários da Pátria, 45 – 14.º andar – Botafogo
22270-000 – Rio de Janeiro – RJ
Tel.: (21) 2538-4100
E-mail: atendimento@sextante.com.br
www.sextante.com.br

Dedico a sabedoria e o tempo de vida deste livro
aos meus maiores mestres: as pessoas
de quem cuido e cuidei e os seus familiares.

SUMÁRIO

Prefácio à nova edição	6
Introdução	9
Quem sou eu	11
Por que eu faço o que faço	13
A vida é feita de histórias – o que eu fiz com a minha?	15
Cuidar de quem cuida	23
Cuidados Paliativos – o que são?	32
Empatia ou compaixão	41
Medo da morte, medo da vida	44
Conversas sobre a morte	46
Considerações sobre o tempo	48
Como ajudar alguém a morrer	54
Permissão para a morte natural	61
O processo ativo de morrer e a dissolução dos quatro elementos	63
A verdade pode matar?	68
A contemplação da morte	71
Zumbis existenciais	76
Todos chegaremos ao fim. Qual caminho é o mais difícil até esse dia?	78

A dimensão espiritual do sofrimento humano	81
Arrependimentos	91
Sentimentos sem máscaras	95
Trabalhar para viver, viver para trabalhar	99
Afinidades eletivas	103
Fazer-se feliz	105
As nossas mortes de cada dia	110
Podemos escolher como morrer: considerações sobre diretivas antecipadas de vontade e testamento vital	118
A vida depois da morte: o tempo do luto	124
A morte nos tempos da covid	131
Vamos falar sobre o Brasil	138
Agradecimentos	143

PREFÁCIO À NOVA EDIÇÃO

*"Impensável morrer
Impossível aceitar
Improvável não sofrer
Inevitável ser feliz
Imperdível o tempo por aqui...
Inesquecível é o Amor."*
Ana Claudia Quintana Arantes

Impensável. É o que eu diria a alguém que tentasse prever o que seria da minha vida depois do dia em que, numa festa, decidi ouvir na minha própria voz a verdade do que eu fazia: "Eu cuido de pessoas que morrem."

Impossível me parecia o sonho que tive num tempo em que a realidade à minha volta era muito árida e hostil. Impossível pensar que as pessoas pudessem se interessar em aprender que há muito a fazer quando a medicina diz que não há nada a fazer.

Improvável pensar que as pessoas pudessem se interessar pelas palavras e pelos pensamentos de uma médica que aceitasse cuidar de seus pacientes até o último dia de vida deles, acolhendo a morte como parte da vida quando nada mais pudesse reverter a doença.

Algumas filosofias dizem que a vida cumpre etapas a cada nove anos. Outras, que as etapas se sucedem a cada sete anos. Há nove anos, em 2013, o momento em que cheguei ao teatro da Faculdade de Medicina da USP para viver meus 18 minutos de eternidade entrou para a minha história. Apresentar uma ideia que mereça ser espalhada – esse era o propósito do convite que recebi. Ser chamada foi uma enorme surpresa. Quando entendi o que era um TEDx e o tamanho da oportunidade que me foi dada, não pensei duas vezes e aceitei o desafio com o coração e com a alma.

Inevitável o tempo de fazer minha voz alcançar os ouvidos do mundo.

A gente nunca imagina como conseguirá chegar quando o caminho é muito árduo e hostil. Na época da palestra que acabou por dar nome ao meu primeiro livro de não ficção, as pessoas experientes nesse mundo de TED me disseram que seria um grande sucesso. Mesmo assim, eu não imaginava que um ano depois receberia o convite para escrever um livro. Em 2015, há sete anos, eu finalizava o texto da primeira edição desta obra que me levou ao mundo. O lançamento foi uma surpresa até para os editores mais otimistas – faltou livro na livraria e foi necessário buscar mais exemplares para satisfazer a todos os que enfrentaram quase quatro horas de fila para conseguir um autógrafo. Teve gente que chegou à mesa onde eu estava já com metade do livro lido e grifado, rostos banhados em lágrimas e sorrisos emocionados. Foi lindo demais viver aquele primeiro dia de sucesso da minha escrita.

Quem diria: o sucesso se manteria e até cresceria ao longo dos anos. Desde aquela noite de autógrafos, *A morte é um dia que vale a pena viver* já vendeu 400 mil exemplares e agora ganha uma nova edição, com um texto revisto, atualizado e ampliado. Afinal, a vida desabrochou imensa no tempo decorrido desde a primeira edição. Centenas de milhares de pessoas se transformaram com a leitura do livro. Outras tantas compreenderam o que era preciso fazer por elas mesmas quando encontraram uma doença que ameaçava a continuidade da vida. Outras ainda se sentiram preparadas para orientar familiares e amigos. Por causa do livro, souberam o que dizer, o que fazer e entenderam o que estavam sentindo. Foram encorajadas a amar acima de tudo, amar acima de morrer. Amar antes e depois de morrer.

A grande surpresa que este livro me trouxe foi esta: minha escrita conseguiu alcançar um público que ainda não tinha sido tocado pela doença ou pela morte em si, concretamente. Essas pessoas perceberam que refletir sobre a morte trazia vida para suas vidas, para os sentidos e sentimentos, uma vida muito mais viva e intensa do que a que era vivida sem sentido ou propósito por se acreditar infinita.

Cumpri os ciclos de nove e de sete anos. Agora é seguir jornada nesta nova fase, ainda mais repleta de amor por meu trabalho e pela escrita (tenho planos de passar a vida escrevendo!). E o melhor de tudo isso: por causa deste livro encontrei com quem partilhar o caminho, encontrei meu par, não estou mais sozinha. É o resultado de acreditar que o melhor modo de fazer algo, por mais simples que possa parecer, é amar o que se faz.

Imperdível a chance de celebrar essa grande oportunidade que a vida me trouxe. Dez anos depois da experiência única e preciosa de trabalhar num hospice (quem quiser saber o que é pode ler tudo a respeito aqui e no livro *Histórias lindas de morrer*), sou capaz de mostrar o que tenho de melhor: o prazer de trabalhar com gente, com pacientes, famílias e principalmente estudantes. Pessoas comprometidas com seu trabalho e que acreditam no poder de aprimorar seus conhecimentos e em deixar florescer sua humanidade a ponto de transformar a prática do cuidar numa verdadeira cura – não do corpo, mas da existência humana.

A vida assim já é inesquecível. Toda a felicidade que está acontecendo está acontecendo mesmo.

INTRODUÇÃO

"Se você expressar o que habita em você, isso irá salvá-lo. Mas se você não expressar o que habita em você, isso irá destruí-lo."
Jesus – *Evangelho de São Tomé*

Um convite, uma festa. Chego sem conhecer ninguém além da anfitriã. Pela recepção calorosa dela, percebo que alguns convidados estão interessados em saber quem sou. Aproximam-se. Fico meio tímida nessas ocasiões e tenho dificuldade para começar a conversar. Mais uns instantes e a roda se amplia; a conversa flui. Cada um diz quem é e o que faz da vida. Observo gestos e olhares. Um instinto misteriosamente provocador brota em mim. Sorrio. Por fim, alguém pergunta:
– E você? Trabalha com o quê?
– Sou médica.
– Mesmo? Que máximo! Qual é a sua especialidade?
Segundos de dúvida. O que vou responder? Posso dizer que sou geriatra, e a conversa vai enveredar para o rumo mais óbvio. Três ou quatro dúvidas sobre problemas de cabelo e unhas. O que eu, com minha experiência, recomendo para retardar o envelhecimento? Talvez alguma pergunta sobre um familiar que parece "esclerosado". Dessa vez, porém, quero responder algo diferente. Quero dizer o que faço; dizer ainda que o faço com muito prazer, e que me realiza muito. Não quero fugir. Essa decisão interna me traz uma inquietude e, ao mesmo tempo, uma sensação agradável de libertação.
– Eu cuido de pessoas que morrem.
Segue-se um silêncio profundo. Falar de morte em uma festa é algo impensável. O clima fica tenso, e mesmo a distância percebo olhares e pensamentos. Posso escutar a respiração das pessoas que me cercam. Algumas desviam o olhar para o chão, buscando o bu-

raco onde gostariam de se esconder. Outras continuam me olhando com aquela expressão de "Oi?", esperando que eu rapidamente conserte a frase e explique que não me expressei bem.

Já havia algum tempo eu tinha vontade de fazer isso, mas me faltava coragem para enfrentar o abominável silêncio que, eu já imaginava, precederia qualquer comentário. Ainda assim, não me arrependi. Internamente, eu me consolava e perguntava a mim mesma: "Algum dia as pessoas escolherão falar da vida por esse caminho. Será que vai ser hoje?"

Então, em meio ao silêncio constrangedor, alguém toma coragem, se esconde atrás de uma bolha sorridente e consegue fazer um comentário:

– Nossa! Deve ser bem difícil!

Sorrisos forçados, novo silêncio. Em dois minutos, o grupo se dispersou. Um se afastou para conversar com um amigo recém-chegado, outro foi buscar um drinque e não voltou mais. Uma terceira pessoa saiu para ir ao banheiro, outra simplesmente pediu licença e se foi. Deve ter sido um alívio quando me despedi e fui embora antes de completar duas horas de festa. Eu também senti alívio e, ao mesmo tempo, pesar. Será que algum dia as pessoas serão capazes de desenvolver uma conversa natural e transformadora sobre a morte?

Mais de quinze anos se passaram desde esse dia em que saí do armário. Assumi minha versão "cuido de pessoas que morrem" e, à revelia de quase todos os prognósticos da época, a conversa sobre a morte está ganhando espaço na vida. A prova disso? Estou escrevendo este livro, e há quem acredite que muita gente vai ler.

QUEM SOU EU

"*Eu tive uma namorada que via errado.
O que ela via não era uma garça na beira
do rio. O que ela via era um rio na beira de uma
garça. Ela despraticava as normas.
Dizia que seu avesso era mais visível do
que um poste. Com ela as coisas tinham que mudar
de comportamento. Aliás, a moça
me contou uma vez que tinha encontros diários com
suas contradições.*"

Manoel de Barros

Eu vejo as coisas de um jeito que a maioria não se permite ver. Mas tenho aproveitado várias oportunidades de capturar a atenção de pessoas interessadas em mudar de posição, de ponto de vista. Algumas apenas podem mudar, outras precisam; o que nos une é o querer. Desejar ver a vida de outra forma, seguir outro caminho, pois a vida é breve e precisa de valor, sentido e significado. E a morte é um excelente motivo para buscar um novo olhar para a vida.

Este livro pode ter chegado às suas mãos na forma de um presente enviado por alguém que poderia ter nos olhos algum traço de insegurança: "O que vão pensar de mim se eu der de presente um livro com este título?" Ou, se o livro foi comprado por você, pode ser que uma questão parecida estivesse presente: "O que vão pensar de mim se me virem lendo esse livro?"

A você ou a quem lhe deu o livro de presente, uma esperança que sinto é que a vida possa lhes agradecer pela coragem.

Por meio deste livro, você e eu começamos uma convivência na qual espero compartilhar parte do tanto que tenho aprendido, a cada dia, com meu trabalho como médica e também como ser humano que cuida de seres humanos, intensamente humanos. De cara, preciso já dizer que saber da morte de alguém não faz necessariamente com que nos tornemos parte da história dessa pessoa. Nem mesmo assistir à morte de alguém é suficiente para nos incluir no processo. Cada um de nós está presente na própria vida e na vida de quem amamos. Presente não apenas fisicamente, mas presente com nosso tempo, nosso movimento. Só nessa presença é que a morte não é o fim.

Quase todo mundo pensa que a norma é fugir da realidade da morte. Mas a verdade é que a morte é uma ponte para a vida. Despratique as normas.

POR QUE EU FAÇO O QUE FAÇO

"Queres ser médico, meu filho?
Essa é a aspiração de uma alma generosa,
De um espírito ávido de ciência.
Tens pensado bem no que há de ser
tua vida?"

Esculápio

Muitas escolhas profissionais podem levar a questionamentos, e a medicina está entre os mistérios. Por que a medicina? Por que escolhi ser médica? Uma das razões mais mencionadas pelos que seguem esse caminho é a existência de médicos na família, alguém que admiram, mas não, não há nenhum na minha. No entanto, sempre houve doença e sofrimento, desde que eu era muito pequena.

Minha avó, a quem atribuo o primeiro passo em direção a essa escolha profissional, tinha doença arterial periférica e se submeteu a duas amputações. Perdeu as pernas por causa de úlceras mortalmente dolorosas e gangrena. Expressava suas dores com gritos e lágrimas. Suplicava a Deus piedade, pedindo que a levasse. Apesar de toda a limitação que a doença lhe causou, ela me educou e cuidou de mim.

Nos piores dias, ela recebia a visita de um médico, o Dr. Aranha, cirurgião vascular. Lembro-me dele como uma visão quase sobrenatural, angelical. Um homem grande, de cabelos grisalhos cuidadosamente penteados para trás com Gumex, um poderoso fixador. Ele cheirava bem. Era muito alto (não sei se era alto de fato ou se assim me parecia por eu ter apenas 5 anos) e se vestia sempre de branco. Camisa engomada, cinto de couro gasto, mas com a fivela brilhando. Suas mãos grandes e muito vermelhas carregavam uma maleta preta pequenina. Eu acompanhava com os olhos os movimentos daquelas mãos e desejava ver tudo o que se passava no quarto de minha avó.

Mas sempre me mandavam embora. Mesmo assim, vez por outra esqueciam a porta entreaberta, e eu assistia a toda a consulta pela fresta. Ela contava a ele sobre as dores, sobre as feridas. Ela chorava. Ele a consolava e segurava suas mãos. Cabia todo o sofrimento dela dentro daquelas mãos enormes. Em seguida, ele abria os curativos e explicava os novos cuidados para minha mãe. Deixava a receita, passava a mão na minha cabeça e sorria.

– O que você vai ser quando crescer?
– Médica.

A VIDA É FEITA DE HISTÓRIAS – O QUE EU FIZ COM A MINHA?

"Chegou o instante de aceitar em cheio a misteriosa vida dos que um dia vão morrer."
Clarice Lispector

O Dr. Aranha era para mim o ser mais poderoso e misterioso do mundo. Depois de atender minha avó, ele sempre ficava um pouco mais. Entre cafés, biscoitos de polvilho e bolo de laranja, seguia com algumas conversas mais amenas, gesticulando com suas mãos imensas diante de meus pequenos olhos atentos. Na hora de sair, me beijava a testa e fazia crescer em mim a vontade de beijar testas também. Quando ia embora, deixava um rastro de paz. Era impressionante como minha avó melhorava só de vê-lo. Minha mãe voltava a sorrir, cheia de esperança na nova receita.

A vida seguia, mas, entre altos e baixos, o curso natural da doença levou à amputação das pernas. A esperança de a dor passar com a amputação também acabou rapidamente: ela persistia. Diagnóstico aterrorizante para uma criança: minha avó tinha uma dor fantasma. Dor fantasma... Seria possível exorcizá-la? Mandar a dor fantasma seguir seu caminho evolutivo? Tirá-la do purgatório e libertá-la rumo ao céu das dores? Ou poderíamos condená-la ao inferno, onde ficaria por toda a eternidade e nunca mais amedrontaria ninguém por aqui?

O que faço eu, ainda viva, para combater uma dor fantasma?

Rezar não adiantou.

Amputei as pernas finas ou gordas de todas as minhas bonecas. Nenhuma escapou ao destino cruel da semelhança. Só a Rosinha, que viera de fábrica com as pernas cruzadas, como um Buda, ficou inteira. Hoje ainda me pergunto: a escolha de se manter sentada nos protege de andar e de perder as pernas no caminho? Mas a Rosinha ganhou marcas "cirúrgicas" de canetinha, só para me lembrar que, mesmo se eu quiser me manter sentada, a vida deixará suas marcas. Então, aos 7 anos, eu já tinha uma enfermaria que cuidava da dor das bonecas. No meu hospital ninguém tinha dor. Entre um remédio e outro, eu as colocava sentadinhas e ensinava a elas o que aprendia na escola. Minha avó se divertia com as cenas e sempre perguntava:

– Mudou de ideia? Vai ser professora?

– Vou ser os dois, vó! Quando a dor delas passa, elas querem aprender!

Minha avó ria e dizia que queria ser cuidada no meu hospital. E eu prometia que cuidaria dela e que ela nunca mais sentiria dor. Perguntava também se, depois que a dor passasse, ela ia querer ter aulas. Ela respondia que sim.

– Você me ensina a ler?

– Claro que sim, vó!

Ela sorria. Devia achar bonita a minha certeza de criança.

Aos 18 anos entrei na USP. No início era difícil acreditar que eu estava cursando medicina, pois as primeiras disciplinas são muito ásperas – bioquímica, biofísica, histologia, embriologia. De vida humana, só a morte, nas aulas de anatomia. Lembro-me direitinho da primeira: na sala imensa, muitas mesas com pedaços de gente morta. Cadáveres. Achei que teria medo, mas eram tão diferentes e estranhos que ignorei os gritinhos e cochichos de pequenos pavores das minhas colegas de turma. Busquei um rosto e achei o cadáver de alguém que parecia jovem. A expressão era de puro êxtase. Comentei com uma colega ao lado:

– Olha a cara dele! Deve ter morrido vendo algo lindo.

A menina se encolheu e me olhou como quem olha um ET:

– Você é muito estranha.

Naquela sala, tentava contar a mim mesma as histórias possíveis de cada rosto das "peças" de estudo. Cada vez mais gente me olhava como se eu fosse um ET, e eu seguia o curso cada vez mais "estranha". No final do terceiro ano, aprendi a fazer anamnese, ou a entrevista que o médico faz para conhecer o histórico do paciente. Achei que o guia detalhado que ensinava os estudantes a conversar com uma pessoa doente me conduziria por caminhos seguros.

Rústico engano, como descobri logo na primeira vez. Em um sorteio de casos na enfermaria de clínica médica do hospital universitário, conheci o Sr. Antônio. O professor já havia me relatado os principais fatos a respeito do paciente que eu entrevistaria: homem, casado, alcoólatra, tabagista, dois filhos, com cirrose hepática, câncer no fígado e hepatite B; estava em fase terminal. Naquele tempo, as portas dos quartos tinham um quadradinho de vidro e podíamos espiar por ele sem precisar abri-las. Lembro que fiquei um bom tempo ali, diante da janelinha. Meu coração quase saía pela boca por causa da emoção de conversar pela primeira vez com um paciente de história tão complexa. O que eu não poderia imaginar era o que esse encontro iria desencadear de descobertas, medos, culpas e tormentas insondáveis dentro de mim.

Entrei no quarto sentindo um profundo respeito e temor. O Sr. Antônio estava sentado em uma cadeira de ferro esmaltada e descascada, em frente à janela, olhando lá fora. Era uma imagem de assustar: muito magro, mas com uma barriga imensa. Uma grande aranha de quatro membros. Tinha a pele amarelo-escura, o rosto sulcado de rugas profundas. Havia hematomas em todo o corpo, como se tivesse apanhado muito. Recebeu-me com um aceno de cabeça e um sorriso educado de dentes faltantes. Apresentei-me e perguntei se podíamos conversar um pouco.

Ele foi para a cama. Com muita dificuldade subiu os degraus da escadinha e se deitou lentamente. Comecei a penosa entrevista em busca de detalhes do passado: quando andou, quando falou, as doenças da infância, os antecedentes familiares. A história da moléstia atual. Sua queixa principal era a dor na barriga, do lado direito, bem abaixo das costelas. Falou que a barriga estava muito grande e isso dificultava a respiração. À noite sentia muito medo e a dor piorava. E, com a piora da dor, o medo aumentava. Tinha medo de ficar sozinho, de estar sozinho na hora da morte. E ainda tinha o medo de não acordar de manhã. Com os olhos vazando lágrimas, disse que merecia tudo isso. Tinha sido um homem muito ruim na vida, e sua mulher dizia que Deus o estava castigando. Achava que ela tinha razão. E o abismo entre o que ele dizia e o que eu queria dizer só crescia. A cada instante eu me dava conta, mais e mais, de quanto era impossível dizer qualquer coisa diante de tanto sofrimento. Fui ficando enroscada em um silêncio imenso e decidi que era chegado o momento de examiná-lo, mas não pude continuar. Não conseguia tocar naquele corpo; naquele instante, quem estava com medo era eu. Me veio uma fantasia: se eu o tocasse, poderia sentir a dor dele. Ao mesmo tempo, havia o medo de lhe causar mais dor. Fui buscar ajuda.

Primeiro tentei o posto de enfermagem. A enfermeira do andar mal levantou os olhos das suas anotações quando perguntei se poderia dar mais remédio para acalmar a dor do Sr. Antônio.

– Ele acabou de tomar dipirona. Tem que esperar fazer efeito.

– Mas ele ainda está com dor! E já tem mais de uma hora que deram a medicação – respondi.

– Não tem mais nada a fazer a não ser esperar a próxima dose, daqui a cinco horas – disse ela.

– Mas e agora? Ele vai ficar com dor esse tempo todo? Como assim, não tem nada a fazer?

– Minha querida – retrucou ela, em um tom irônico –, no dia em que você for médica, vai poder dar mais remédio. Já falei com o médico de plantão e tentei convencê-lo a sedar o paciente. O Sr. Antônio precisa morrer logo.

– Morrer? Mas por que ele não pode ter menos dor antes de morrer?

A enfermeira baixou os olhos e sua atenção desapareceu no meio da papelada à sua frente. Percebi que não adiantava mais insistir com ela e fui atrás do professor. Eu o encontrei na sala dos médicos, tomando café com outros professores. Disse a ele que precisava dar analgésico para o paciente antes de continuar o exame, pois ele sentia muita dor. Fui repreendida, afinal eu já fora informada de que se tratava de um paciente terminal, e não havia nada a fazer por ele. Entendi então o que era morrer de uma doença incurável em um hospital: todo o sofrimento do mundo em uma pessoa só, e todas as vozes terríveis ecoando: "Não há nada a fazer... Não há nada a fazer."

Até o primeiro semestre do quarto ano, deparei com muitas mortes, previstas ou imprevistas. Crianças com doenças graves e mortes violentas, jovens com aids e câncer, e muitos idosos consumidos por anos e anos de sofrimento causado por doenças crônicas e debilitantes. Muitos eu vi morrer sozinhos na maca da porta do pronto-socorro. Cada vez que isso acontecia, fortalecia-se a minha certeza de que não ia dar para continuar. Parei a faculdade na metade do quarto ano.

A crise foi grave, pois em casa também enfrentava muitos problemas de saúde com meus familiares e sérias dificuldades financeiras. Essas dificuldades muitas vezes me impediram de sonhar em terminar a faculdade, pois havia dias em que não tínhamos nem o que comer em casa. Muitas vezes, na faculdade, eu só me alimentava se alguém me pagasse um lanche. Eu tinha muita vergonha de partilhar minha realidade com os colegas, mas tive amigos que cuidavam de mim em silêncio, literalmente me alimentando ou me dando carona para ir e vir da faculdade – faltavam recursos até para pegar o ônibus.

Somando-se a isso a imensa decepção que tive com o que eu desejava aprender, a situação doméstica me ofereceu uma boa desculpa para deixar a faculdade: teria que trabalhar. Porém, fiquei dois meses em casa, sem sair para nada, sem saber o que ia fazer da vida. Tive uma pneumonia bem séria, mas recusei a internação. Foi a primeira vez que desejei realmente morrer.

Passada a fase mais difícil, fui trabalhar em uma loja de departamentos. A cada dia, no entanto, eu ficava mais ansiosa em relação à minha vocação. Havia o chamado da medicina, mas eu não sabia como acolhê-lo. O tempo foi passando e fui me distanciando de todo aquele mundo de horrores das vidas abandonadas que esperavam a morte no hospital. Mas o chamado persistia no meu coração e não pude mais silenciá-lo. Talvez eu não tivesse talento, mas decidi que deveria insistir. Quem sabe eu não me acostumaria a tudo aquilo, como todos os outros se acostumam?

Decidi voltar para a faculdade e trabalhar como voluntária em uma maternidade da periferia. Passava madrugadas massageando as costas das parturientes que urravam de dor e não tinham escolha: naquele tempo, o governo não autorizava anestesia para parto normal, então o jeito era sofrer. Cheguei a pensar que, finalmente, tinha encontrado uma forma de ser médica sem ter que lidar com tanto sofrimento desnecessário. Eu sabia que a dor daquelas mulheres iria passar, e a alegria de conhecer seus filhos traria muito sentido para aqueles momentos difíceis. Como Nietzsche, eu também acredito que o Homem tolera qualquer "como" se tiver um "porquê".

Um ano depois, terminei o quarto ano sem grandes sofrimentos com os pacientes vivos. O encanto veio de algo jamais cogitado por mim antes: adorei o curso de medicina legal. Naquele tempo, acompanhávamos as autópsias no Serviço de Verificação de Óbito e no IML. Havia as reuniões anatomoclínicas, nas quais se apresentava o caso de um paciente e vários médicos discutiam as hipóteses diagnósticas. No final, vinha o patologista, que expunha os achados da autópsia; estes, por sua vez, esclareciam o motivo da morte. No quinto ano, comecei a fazer plantão, e meu primeiro estágio foi na obstetrícia. Como já fazia partos na outra maternidade, aproveitei muito. Tive certeza de que era mesmo a medicina que eu amava tanto.

Durante a faculdade, quando via alguém morrendo em grande sofrimento (e, num hospital, isso acontece quase sempre), eu perguntava o que era possível fazer, e todos diziam: nada. Isso não me descia. Esse "nada" ficava engasgado no meu peito, chegava a doer fisicamente, sabe? Eu chorava quase sempre. Chorava de raiva, de frustração, de compaixão. Como assim, "nada"? Não me conformava que os médicos não se importassem com tamanha incompetência. Não em relação a evitar a morte, porque ninguém vive eternamente, mas por que abandonavam o paciente e a família? Por que o sedavam, deixando-o incomunicável? Havia uma distância muito grande entre o que eu precisava aprender e o que aprendia.

Logo começou a gozação comigo, a médica que não aguentava ver paciente doente. Pode isso? Não, não pode. Me escondi do mundo no departamento fotográfico da faculdade. Atrás da câmera ninguém vê lágrimas. Ninguém percebe o coração do fotógrafo até que mostre suas fotos. Do lugar onde eu estava, podia enxergar coisas que os outros não viam, mas ainda era muito cedo para dizer o que era verdade para mim. Me calei e prossegui.

Em seu livro *Mortais*, Atul Gawande, cirurgião e escritor americano, diz: "Aprendi muitas coisas na faculdade de medicina. Mortalidade não foi uma delas." Na faculdade não se fala sobre a morte, sobre como é morrer. Não se discute como cuidar de uma pessoa na fase final de doença grave e incurável. Os professores fugiam das minhas perguntas, e alguns chegaram a dizer que eu deveria fazer alguma especialidade que envolvesse pouco ou nenhum contato com pacientes. Diziam que eu era sensível demais e não seria capaz de cuidar de ninguém sem sofrer tanto quanto meus pacientes, ou mais. A graduação foi, sem dúvida, o tempo mais difícil da minha vida. Ao final desse período, escolhi a geriatria. Pensei que, se cuidasse de pessoas mais velhas, talvez viesse a encarar a morte de uma maneira mais fisiológica e natural. Mas as primeiras respostas só vieram quando uma enfermeira me deu de presente o livro *Sobre a morte e o morrer*, de Elisabeth Kübler-Ross, psiquiatra suíça radicada nos Estados Unidos. Nele, a autora transcreve as experiências de seus pacientes diante do fim da vida e seu desejo de se aproximar deles para ajudá-los em seus momentos finais. Devorei-o em uma noite e, no dia seguinte, aquela dor engasgada no peito aliviou, sabe? Consegui sorrir. Prometi a mim mesma: "Eu vou saber o que fazer."

Depois começaram os plantões de pronto-socorro, mas eu tinha mais autonomia para pensar e agir. Era mais fácil, pois já compreendia o processo das doenças, sentia mais tranquilidade e percebia que dar atenção aos pacientes fazia com que melhorassem mais rápido. Eu gostava demais de conversar com eles e saber de suas vidas além das doenças.

Gosto de cavar as
histórias como quem
procura tesouros.
E eu sempre os encontro.

CUIDAR DE QUEM CUIDA

"Amai o próximo como a ti mesmo."
Jesus, o Cristo

Muito antes de assumir meu destino publicamente, já vinha vivendo, ao longo da minha história como médica, de maneira coerente com meu propósito ousado: cuidar de pessoas que morrem. Gosto de cuidar das que estão mais conscientes de sua morte. O sofrimento que paira sobre essa etapa da vida humana clama por cuidados. Dedico muito tempo da minha vida a estudar sobre Cuidados Paliativos. A assistência integral, multidimensional, que a medicina pode propor a um paciente às voltas com uma doença grave, incurável e que ameaça a continuidade da sua vida tem sido o foco da minha trajetória profissional. Vou mais longe: minha vida ficou plena de sentido quando descobri que tão importante quanto cuidar do outro é cuidar de si.

Mas, como todo profissional de saúde, em especial os médicos, por um bom tempo não dei importância a essa valiosa informação. Parece que cai bem socialmente dizer que você não teve tempo de almoçar, não teve tempo de dormir, não teve tempo de mexer o corpo, de rir, de chorar – não teve tempo de viver. A dedicação ao trabalho parece estar ligada a um reconhecimento social, a uma forma torta de se sentir importante e valorizado; tudo à sua volta tem a obrigação de entender que o mundo só pode girar se você estiver empurrando. Três bipes, dois celulares, plantões quase todo fim de semana. Eu tinha dificuldades financeiras; precisava ajudar meus pais e minhas irmãs no sustento da casa. Assistente de uma equipe de oncologistas, trabalhei assim, incansável, por cinco anos.

No último ano com o grupo, já reconhecida por meu estudo sobre Cuidados Paliativos, por meu dom de empatia e por meu comprometimento, acompanhava muitos pacientes em assistência domiciliar, indicada por meus chefes. Eram pessoas já em fases muito avançadas do câncer. Sem possibilidade de cura ou controle, recebiam tais cuidados em casa.

As experiências com as equipes de *home care* variavam entre ruins e péssimas, pois os profissionais envolvidos nem faziam ideia do que seriam Cuidados Paliativos. O desgaste era insano. Até que chegou à minha vida um rapaz de 23 anos, Marcelo, com diagnóstico de câncer de intestino. A doença, agressiva, não mostrou nenhuma resposta ao tratamento oncológico. Na ocasião da alta hospitalar, a mãe exigiu que fosse eu a dar continuidade aos cuidados em casa. Ela sabia da terminalidade do filho e queria estar junto dele na casa da família. Era também o desejo dele. Aceitei, lisonjeada.

Primeira visita: dor. Controlada em poucos dias, deu lugar à sonolência. A doença avançou para o fígado; ele alucinava e gritava de medo. Em uma sexta-feira, noite de chuva forte em São Paulo, chego à residência e encontro o abdome de Marcelo deformado pelas massas tumorais. Ele vomita uma, duas, três vezes. Sangue e fezes se misturam no quarto. Há cheiro de morte. Ele grita. Quando me vê, estende os braços na minha direção e sorri. Volta a gritar, e seus olhos refletem o medo – o maior medo que eu já presenciei. A técnica de enfermagem está apavorada. Na sala, a mãe e a avó se amparam em mantras e incensos. O cheiro é insuportável. Sangue, fezes, incenso, medo. Morte.

Abro a mala de emergência que pedi para os momentos finais. Dentro dela, tudo o que encontro são ampolas de remédios para reanimação. Preciso de morfina. Para ele, para mim, para o mundo. Algo que possa sedar tamanha dor e tamanha impotência. Peço os medicamentos ao hospital, mas precisamos esperar que cheguem. A mãe não quer levá-lo para lá. Prometeu a ele que cuidaria de tudo em casa. Ele suplica: "Me ajuda!" Espero quase quatro horas pela morfina. A técnica de enfermagem treme e não consegue preparar a medicação. Sou eu quem prepara, aplica, espera, consola. Ele adormece. A paz reina na casa, a mãe me abraça e agradece. Não sei quem sou nesse dia. Entro no carro, a chuva cai torrencial. Choro. Torrencialmente caem minhas lágrimas, mas a chuva abafa o som do meu choro. Ela cai sobre tudo.

Toca o telefone, é a técnica de enfermagem: "Dra. Ana? Acho que o Marcelo parou." Tenho que voltar para fazer o atestado de óbito. Será que sobrevivo a isso? A morte chegou durante a paz. Vejo a noite. Olho o céu. Parou de chover.

Durante a madrugada, sono agitado. Grito no pesadelo, revivendo a cena e ouvindo: "Me ajuda!" Acordo. Vou ao banheiro lavar o rosto e, quando olho no espelho, vejo Marcelo. Meu Deus, estou alucinando... Ou será que ainda estou sonhando? Ligo para minha terapeuta, peço socorro, choro, suplico: "Não aguento mais! Não quero mais ver nenhum paciente! Não quero mais ser médica!"

Fiquei afastada por 42 dias. Sem celular, sem bipe. Retornei e pedi demissão. Aos poucos, a vida foi voltando ao normal. Muitos cafés, muitos chás, muitas conversas, especialmente com a Cris, minha terapeuta naquela época. Fui encontrando explicações para o que tinha acontecido comigo: fadiga de compaixão. Fiz meu diagnóstico retroativo em relação à morte de Marcelo: estresse pós-traumático secundário. Agudo, intenso. A fadiga de compaixão ou estresse pós-traumático secundário ocorre preferencialmente com profissionais de saúde ou voluntários que têm a empatia como principal ferramenta de ajuda. Pessoas que lidam com tanto sofrimento que acabam por incorporar a dor que não lhes pertence. E ali estava eu, vivendo a maior dor da minha carreira, resultado do meu melhor dom: empatia. Ironia? E agora? Muitas perguntas ainda estavam sem resposta. E a mais dolorida era: como eu lido com a dor do outro sem tomá-la para mim?

Na terapia, encontrei mais abismos do que pontes. Muitas e muitas vezes me senti sem horizonte algum, temendo a altura desses penhascos todos. Para onde eu me voltava sempre havia um desafio, uma pendência. E agora? Para que tudo isso?

1º de março de 2006

Um dia tenso. Chego ao hospital antes das sete horas, e quatro pacientes internados no andar já esperam minha visita. Não tive tempo de conversar com o médico que passou na véspera e estou atrasada. Impressionante como alguém que levanta da cama exausta consegue já estar atrasada às sete da manhã. Eu preciso ler os prontuários e entender o que ocorreu nas últimas 24 horas. A letra do colega não ajuda. Fico muito irritada. O estômago dói. Penso que deveria parar de tomar tanto café.

 Entro no primeiro quarto: mulher, 39 anos, divorciada. Um filho adolescente ainda dorme profundamente no sofá de acompanhante. A mulher geme. Ela tem câncer metastático de pulmão. Não era tabagista. A dor está muito intensa ainda, apesar de utilizar uma bomba de morfina há três dias. Está difícil encontrar a dose ideal do analgésico, pois ela tem muita sensibilidade aos efeitos colaterais. Por um instante, olho a cena de um ponto de vista novo. Observo a mulher e, de repente, me transformo nela. Tomo um susto imenso, sinto o coração em uma palpitação muito desconfortável. Eu de novo com palpitação? Será que estou com arritmia? Deve ser mesmo tanto café. As falhas nos batimentos me assustam. Observo de novo e reconheço a paciente. Meu Deus, será que estou alucinando? Penso que deveria parar de tomar remédio para dormir, mesmo que seja um simples antialérgico... Está começando a virar rotina: insônia quase toda noite. Na verdade, passo quatro noites em claro, e na quinta, exaurida, caio em sono profundo. Daí acordo perto das três da manhã e não durmo mais. Taquicardia. Tem algo errado com meu coração. Deve ser o café.

"Haverá outro modo de salvar-se? Senão o de criar as próprias realidades?"

Clarice Lispector

6 de março de 2006

Repensando a terapia. Nada faz muito sentido. Palpitação. De novo. Preciso respirar. Parece que não saio do lugar, embora não consiga parar para nada. Estou cansada de só falar dos problemas. Tento meditar há quase três meses, mas o resultado é zero. Todos os meus resultados são iguais a zero. O mundo está cinza faz algum tempo, mas estou vivendo de um jeito operacional. São quatro da manhã e estou só fazendo balanços. Meu estômago dói. Adormeço. Como é bom dormir! Quase dez minutos e o celular toca: "Dra. Ana? O Sr. Fulano chegou aqui ao pronto-socorro. A família quer saber a que horas a senhora vem avaliá-lo." Olho o relógio: seis e meia da manhã. Já estou indo, já estou indo.

    Estou indo para o brejo. Hoje tenho uma dor nova: lombar. Lateja, mal consigo ficar sentada. Tenho que andar. A vida está mandando: "Ande!"

8 de março de 2006

"Oi, Aninha, minha filha! Você vem aqui no dia da celebração do Dia da Mulher, não é, meu amor?"
    Aquele era o Dia da Mulher, mas a comemoração na Associação Paulista de Medicina só ocorreria dali a dois dias. Queria tanto saber dizer: "Não, minha querida, não vou de jeito nenhum." Mas não sei. E respondo que sim. Claro que vou. Será durante a semana, em um dia no qual vou precisar de um clone para fazer tudo o que prometi fazer. A palpitação tem aumentado. Só de pensar no que estou pensando em fazer o coração parece que vai sair pela boca.

O estômago ferve como um vulcão. A lombar lateja. Tenho tanto desconforto físico que me distraio dos pesares da alma. Vou parar com a terapia. Muito cara e estou cheia de dívidas. Continuo ajudando a família; não consegui recusar. Não recuso nada, estou sempre muito disponível para ajudar. E ajudo.

9 de março de 2006

Visita médica. A mulher de 39 anos agoniza. Em processo ativo de morte. O ex-marido vem visitá-la. Converso com ele no corredor do hospital. O sofrimento está perto de terminar. O filho permanece sentado no sofá da sala de espera, olhando o chão abismal sob seus pés. O tênis rasgado. Uma pequena poça de lágrimas ao lado do cadarço desamarrado. A cena dói tanto dentro do meu peito que chego a cambalear. O estômago dói junto. Deve ser o café que preciso cortar. Deve ser a terapia que está muito cara. Devem ser minhas dívidas, que não consigo pagar. Sim, deve ser a insônia. Tem algo errado com meu coração.

10 de março de 2006

Vou à comemoração do Dia da Mulher na Associação Paulista de Medicina. Muitas mensagens no celular de pessoas que me admiram e me dão parabéns. Mulher é desdobrável, mas eu estou envergada. A lombar dói como nunca hoje.

Prometi para a Iraci, a pessoa que organiza os eventos, que iria, não posso decepcioná-la. Não posso decepcionar o mundo inteiro. E arrumei um programa ótimo para a hora do rush da cidade: estar no meio do rush da cidade.

Chego um pouco atrasada, mas o evento também atrasou. Não tem lugar para sentar, fico em um canto da escada de acesso lateral. Minha lombar vai travar hoje – é o pensamento que não me sai da cabeça. Terminam as homenagens, meus pensamentos vagueiam. Começa a apresentação de gala desta noite: "Gandhi, um líder servidor".

O ator é genial. Como alguém pode se transformar tanto ao interpretar um papel? Fico divagando sobre os papéis que ando desempenhando e sobre como tenho me saído mal. Não sou boa mãe, não sou boa esposa. Tenho me esforçado muito para ser boa médica, mas começo a duvidar do que faço. Conversar com os amigos que tenho hoje me irrita, pois todos têm as mesmas queixas há anos. Por que as pessoas não mudam? Por que eu não mudo? De vida, de cabelo, de país, de planeta? Exausta, sinto a dor forte na lombar, mas não me mexo. Mereço a companhia dessa dor.

"Uma mãe levou o filho até Mahatma Gandhi e implorou-lhe:

– Por favor, Mahatma, diga a meu filho para não comer mais açúcar...

Depois de uma pausa, Gandhi pediu à mãe:

– Traga seu filho de volta daqui a duas semanas.

Duas semanas depois, ela voltou com o filho. Gandhi olhou bem no fundo dos olhos do garoto e lhe disse:

– Não coma açúcar...

Agradecida, porém perplexa, a mulher perguntou:

– Por que me pediu duas semanas? Podia ter dito a mesma coisa a ele antes!

E Gandhi respondeu-lhe:

– Há duas semanas, eu estava comendo açúcar."

A peça termina, e eu não consigo aplaudir. Fico em pé, olhando Gandhi com minha alma nua. Uma epifania; definitivamente, uma epifania. Em poucos instantes, eu compreendi o que estava para ser o grande passo da minha carreira, da minha vida. Naquele dia, eu me dei conta de que a maior resposta que eu procurava havia chegado: todo o trabalho de cuidar das pessoas na sua integralidade humana só poderia fazer sentido se, em primeiro lugar, eu me dedicasse a cuidar de mim mesma e da minha vida. Me lembrei dos meus tempos de carola. Me lembrei de um ensinamento importante de Jesus: "Amai o próximo como a ti mesmo." E cheguei à conclusão de que tudo o que estava fazendo pelos meus pacientes, por minha família, por meus amigos era uma imensa, enorme, pesada e insuportável hipocrisia. Nesse dia, fui tomada por uma fortaleza e uma paz que eu jamais imaginei que morassem em mim. Desse dia em diante eu teria a certeza de estar com os pés no meu caminho: posso cuidar do sofrimento do outro porque estou cuidando do meu.

CUIDADOS PALIATIVOS – O QUE SÃO?

"Cuidado paliativo é uma abordagem que melhora a qualidade de vida de pacientes (adultos e crianças) e famílias que enfrentam problemas associados a doenças que ameaçam a vida. Previne e alivia o sofrimento através da identificação precoce, avaliação correta e tratamento da dor e outros problemas físicos, psicossociais ou espirituais."
Organização Mundial da Saúde, 2017

O sofrimento de perceber a nossa mortalidade não começa somente no processo de morrer. Esse assombro já está presente na possibilidade de um diagnóstico, quando estamos apenas na expectativa de receber o resultado de um exame, por exemplo. O percurso entre a certeza do diagnóstico de uma doença grave, que ameaça a continuidade da vida, e a morte é acompanhado de sofrimento. Sendo a doença uma interpretação de um conjunto de sinais e sintomas associados a exames de laboratório ou de imagem, entendo que ela pode ser algo comum a muitos indivíduos, até com resultados quase idênticos. Existem milhares de pessoas com câncer.

O sofrimento, porém, é algo absoluto, único. Totalmente individual. Podemos ver as doenças se repetirem no nosso dia a dia como profissionais de saúde, mas o sofrimento nunca se repete. Mesmo que o tratamento ofereça alívio para a dor, a experiência da dor passa por mecanismos próprios de expressão, percepção e comportamento. Cada dor é única. Cada ser humano é único. Mesmo em gêmeos idênticos, com o mesmo DNA, temos expressões de sofrimento absolutamente diferentes.

Diante do diagnóstico de uma doença grave, as pessoas logo entram em sofrimento. A morte anunciada traz a possibilidade de um encontro veloz com o sentido da vida, mas traz também a angústia de talvez não ter tempo suficiente para vivenciar esse encontro. Os Cuidados Paliativos oferecem, então, não apenas a possibilidade de suspender tratamentos considerados fúteis, mas também a realidade tangível de ampliação da assistência oferecida por uma equipe que pode cuidar dos sofrimentos físicos, dos sintomas da progressão da doença ou das sequelas de tratamentos agressivos que foram necessários no controle da doença grave e incurável. O sofrimento emocional é muito intenso. Nele, o doente toma consciência de sua mortalidade. E essa consciência o leva à busca do sentido de sua existência.

Sempre digo que medicina é fácil. Chega a ser até simples demais perto da complexidade do mundo da psicologia. No exame físico, consigo avaliar quase todos os órgãos internos de um paciente. Com alguns exames laboratoriais e de imagem, posso deduzir com muita precisão o funcionamento dos sistemas vitais. Mas, observando um ser humano, seja ele quem for, não consigo saber onde fica sua paz. Ou quanta culpa corre em suas veias, junto com seu colesterol. Ou quanto medo há em seus pensamentos, ou mesmo se estão intoxicados de solidão e abandono.

Diante de uma doença grave e de caminho inexorável em direção à morte, a família adoece junto. O contexto de desintegração ou de fortalecimento dos laços afetivos permeia, muitas vezes, fases difíceis da doença física de um de seus membros. A depender do espaço que essa pessoa doente ocupa na família, temos momentos de grande fragilidade de todos que estão ligados por laços afetivos, bons ou ruins, fáceis ou difíceis, de amor ou de tolerância, até mesmo de ódio. As consequências da experiência de doença alcançam a todos, e a rede de suporte que o paciente tem pode ajudar ou dificultar esse momento da vida.

E ainda temos a dimensão espiritual do ser humano que adoece. Em geral, nesse momento de clara consciência da finitude, essa dimensão ganha uma voz que nunca teve antes. Existe aí um risco grande: de que a dimensão espiritual mal estruturada, construída sobre relações de custo e benefício com Deus ou com o Sagrado, caia em ruínas diante da constatação de que nada vai adiar o Grande Encontro, o Fim, a Morte. Muitas vezes, a dor maior é a de sentir-se abandonado por um Deus que não se submeteu às nossas vontades e simplesmente desapareceu da nossa vida em um momento tão difícil e de tanto sofrimento.

Os Cuidados Paliativos podem ser úteis em qualquer fase da doença, mas sua necessidade e seu valor ficam muito mais claros quando a progressão atinge níveis elevados de sofrimento físico e a medicina nada mais tem a oferecer. Fecha-se, assim, o prognóstico e anuncia-se a proximidade da morte. Os médicos profetizam: "Não há mais nada a fazer." Mas eu descobri que isso não é verdade. Pode não haver tratamentos disponíveis para a doença, mas há muito mais a fazer pela *pessoa* que tem a doença.

Minha busca pelo conhecimento a respeito de como cuidar das pessoas com doenças graves e incuráveis, em todas as suas dimensões, especialmente quando se aproximam do fim da vida, sempre foi fruto de bastante empenho e teimosia (hoje me dizem que não sou teimosa, sou "determinada"). Teimosia ou determinação dizem respeito à mesma energia, mas são identificadas somente no fim da história. Se deu errado, era teimosia. Se deu certo, era determinação.

Movida por essa energia, deparei muitas vezes com mais perguntas do que respostas. Vejo a importância do meu trabalho para os pacientes que precisam desses cuidados. Não posso classificar como boa ou ruim a opção de ser encaminhado para Cuidados Paliativos, mas vejo-a como absolutamente necessária para viabilizar uma boa qualidade de vida na finitude humana. Se um dia formos diagnosticados com uma doença terminal, a única coisa de que poderemos ter certeza é: um sofrimento insuportável nos aguarda. Ter alguém que se importe com nosso sofrimento no fim da vida é uma dessas coisas que trazem muita paz e muito conforto para quem está morrendo e para seus familiares.

Trabalhar com a morte faz parte da minha profissão de médica na maior parte dos meus dias. Penso que todo médico deveria ser preparado para nunca abandonar seu *paciente*, mas na faculdade aprendemos apenas a não abandonar a *doença* dele. Quando não há mais tratamentos para a doença, é como se não tivéssemos mais condições de estar ao lado do paciente. O tempo de quando a doença se torna incurável nos traz uma horrível sensação de impotência, de incapacidade. O médico que foi treinado sob o conceito ilusório de ter poder sobre a morte está condenado a se sentir fracassado em vários momentos da carreira. A infelicidade é uma presença constante na vida do médico que só aprendeu sobre doenças. Já aquele médico que busca o conhecimento sobre "cuidar" com o mesmo empenho e dedicação que leva para o "curar" é um ser humano em permanente realização.

Não cuido da morte em catástrofes ou em atendimentos de emergência. Observo meus pacientes um a um, no dia a dia da trajetória de suas doenças. Como sou geriatra, muitas vezes tenho a chance de ser a médica que cuida deles desde o início da jornada do envelhecimento, e isso para mim é um tremendo privilégio. Como eu os acompanho e os vejo como seres humanos únicos, que vivenciam seu sofrimento de maneira única, não posso abrir mão do preparo que essa versão de cuidados exige. E preciso me preparar sempre. A dedicação à minha formação técnico-científica continuada, à minha humanidade e ao autocuidado precisa estar em perfeita harmonia. Sem esse equilíbrio, é impossível dar o meu melhor no que faço. Preciso oferecer o melhor do meu conhecimento técnico junto com o melhor que tenho dentro de mim, como ser humano. Jamais poderei dizer que alcancei o máximo da minha humanidade, mas sei o tamanho do compromisso que firmei comigo mesma para desenvolver esse olhar atento e raro todos os dias. E é isso que me permite adormecer em paz todas as noites.

A parte técnica do saber médico, ou seja, a habilidade de avaliar históricos clínicos, escolher remédios e interpretar exames, exige algum esforço, mas com o tempo vai ficando mais simples. Já a capacidade de olhar nos olhos das pessoas de quem cuido e de seus familiares, reconhecendo a importância do sofrimento envolvido em cada história de vida, nunca pode acontecer no espaço virtual do modo automático. Preciso manter uma atenção plena em cada gesto e ser muito cuidadosa com minhas palavras, com meu olhar, com minhas atitudes e, principalmente, com meus pensamentos. Todos serão absolutamente transparentes diante de uma pessoa perto da morte.

É impressionante como todos adquirem uma verdadeira "antena" captadora de verdade quando se aproximam da morte e experimentam o sofrimento da finitude. Parecem oráculos. Sabem tudo o que realmente importa nesta vida com uma lucidez incrível. Como recebem acesso direto à própria essência, desenvolvem a capacidade de ver a essência das pessoas à sua volta. Não há fracasso diante das doenças terminais: é preciso ter respeito pela grandeza do ser humano que enfrenta sua morte. O verdadeiro herói não é aquele que quer fugir do encontro com sua morte, mas sim aquele que a reconhece como sua maior sabedoria. Hoje, em princípios do século XXI, mais de 1 milhão de brasileiros morre a cada ano, a maioria com grande sofrimento. Destes, cerca de 800 mil morrem de morte anunciada, ou seja, de câncer, doenças crônicas e degenerativas. De cada dez pessoas que estiverem lendo estas minhas palavras, nove terão a oportunidade de perceber sua finitude de maneira concreta por meio da experiência de conviver com uma doença grave na vida. Um dia seremos parte dessa estatística, e o mais doloroso é que os nossos amados também.

Uma pesquisa realizada em 2010 pela publicação britânica *The Economist* avaliou a qualidade de morte em quarenta países. O Brasil ficou em 3º lugar como pior país do mundo para se morrer. Estávamos à frente (por bem pouco) de Uganda e da Índia. A qualidade de morte foi avaliada mediante índices como disponibilidade de acesso a Cuidados Paliativos, formação na área para os profissionais de saúde na graduação, número de leitos de Cuidados Paliativos disponíveis, etc. Em 2015, a pesquisa foi refeita, incluindo outros países, e ficamos em 42º lugar entre as 83 nações avaliadas. E Uganda nos ultrapassou. Fico feliz por saber dos méritos dos imensos esforços da equipe de Uganda, que conheço pessoalmente, mas me entristece ver a dificuldade de meu país para estabelecer metas compatíveis com nossas necessidades. Isso me mostra, de maneira dolorosamente clara, que nossa sociedade não está preparada e que os nossos médicos, como parte desta sociedade miserável, e em busca ativa pela ignorância da realidade da própria morte, não estão preparados para conduzir o processo de morrer de seus pacientes, o fim natural da vida humana. No final de 2021, um pesquisador americano decidiu refazer a pesquisa mais uma vez, agora publicada numa revista médica especificamente voltada ao tema do controle de sintomas. Nesse estudo, parâmetros como acesso à saúde, disponibilidade de analgésicos e estrutura dos serviços foram analisados, e novamente o Brasil fez feio, voltando ao humilhante patamar de terceiro pior país para se morrer, à frente agora do Paraguai e do Líbano.

Durante esse processo, a dor e muitos outros sofrimentos físicos estarão lá para nos dizer: "Olá, estamos aqui e faremos o possível para você vivenciar seu morrer." Então, quando falo sobre sentir dor, me refiro a: o que a dor nos diz, o que o sofrimento tem a nos dizer antes de ir embora, o que ele nos conta a respeito da vida que vivemos. No entanto, só conseguiremos pensar sobre o sentido da vida se a dor passar. Meu papel como médica é tratar o sofrimento físico com todos os recursos disponíveis. Se a falta de ar passar, se qualquer desconforto físico intenso passar, haverá tempo e espaço para a vida se manifestar. Muitas vezes, diante do alívio do sofrimento físico, o que aparece em seguida é a expressão de outros sofrimentos, como o emocional e o espiritual. A família fica aliviada ao perceber o conforto físico, mas então aparece a necessidade de falar sobre o que falta na vida. Virá o momento de pensar nas famosas "pendências", das quais falaremos logo mais.

Mas, para esse alívio físico acontecer, precisaremos de médicos que saibam cuidar disso. Porque não dá para só pegar na mão. Não dá para só sofrer junto e rezar. Serão necessárias intervenções bastante claras e específicas para aliviar o sofrimento físico, envolvendo muito conhecimento técnico sobre controle de sintomas. E esse conhecimento falta em praticamente todas as faculdades de medicina do nosso país. Trabalhei em uma unidade de Cuidados Paliativos, exclusiva do Hospital das Clínicas da Faculdade de Medicina da USP (HCFMUSP), em São Paulo, onde recebia pessoas encaminhadas pelo hospital com a perspectiva real de morrer em breve, em um curto espaço de tempo. E esse "em breve" era bem breve mesmo. Do momento em que eu acolhia o paciente e dizia "Seja bem-vindo", passavam-se em média quinze dias até que eu assinasse o atestado de óbito. Alguns deles ficavam horas sob meus cuidados, outros ficavam meses, mas em média eram quinze dias. Pouquíssimo tempo para aquele corpo sentir-se confortável para conduzir a existência humana, muitas vezes ainda em busca de seu sentido e significado, até o momento final.

Quando conseguimos controlar os sintomas físicos, aquela vida, que era tratada como perdida, recomeça. O desafio do médico é acertar na avaliação e no tratamento da dimensão física sem sedar o paciente. Infelizmente, no Brasil, todo mundo pensa que fazer Cuidados Paliativos é sedar o paciente e esperar a morte chegar. Muitos pensam que é apoiar a eutanásia ou acelerar a morte, mas isso é um engano imenso. Não faço eutanásia, e ninguém que eu conheça que tenha recebido formação consistente em Cuidados Paliativos a prega ou a pratica. Aceito a morte como parte da vida e tomo todas as providências e condutas para oferecer ao meu paciente a saúde, definida aqui como o bem-estar resultante do conforto físico, emocional, familiar, social e espiritual. Acredito que a vida vivida com dignidade, sentido e valor, em todas as suas dimensões, pode aceitar a morte como parte do tempo vivido assim, pleno de sentido. Acredito que a morte pode chegar no tempo certo, e assim será conhecida como ortotanásia. Mas ainda sou mais ambiciosa na prática dos Cuidados Paliativos e busco proporcionar e presenciar a kalotanásia: a morte "bela".

Na minha prática, seja no Hospital Israelita Albert Einstein, em São Paulo, onde também atendo, ou no Hospice, a unidade de Cuidados Paliativos exclusivos do HCFMUSP, observo sempre o índice de sedação paliativa dos pacientes de que cuido. Na minha "galáxia de cuidados", precisamos sedar apenas 3% dos pacientes. No meu pequeno mundo de assistência à kalotanásia, 97% das pessoas morrem no melhor de seu conforto, em momentos mais belos e intensos do que uma cena de cinema. Não tem diretor de cena, não tem ator, não tem script, não tem nada de ensaio. As pessoas fazem de primeira, porque para morrer não tem ensaio. Então sai aquela cena linda e emocionante, que fez todo o sentido na história da vida daquele ser humano. As pessoas morrem como viveram. Se nunca viveram com sentido, dificilmente terão a chance de viver a morte com sentido.

Algumas pessoas não compreendem o que pode significar perceber a morte como um dia que vale a pena viver. Isso acontece simplesmente por não saberem o que fazer para que este tempo seja preenchido com alguma experiência de dignidade, ao alcance do recurso disponível ao paciente e sua família no momento em que esse cuidado é necessário.

Realmente, o processo de morrer pode ser muito doloroso para a maioria das pessoas, principalmente por conta da falta de conhecimento e habilidade dos profissionais de saúde ao conduzir esse tempo sagrado da vida humana. Nesse processo, quando temos à nossa disposição uma equipe de saúde de fato habilidosa para conduzir os cuidados com o tempo que nos resta, mesmo que seja pouco, então teremos a chance incrível de sair desta existência pela porta da frente, com honras e glórias dignas de grandes heróis, reis e rainhas da própria vida.

Infelizmente, isso ainda está longe de ser a condição disponível para todos os brasileiros. Nem todos os médicos que trabalham com pacientes terminais sabem cuidar de pacientes terminais. A maioria diz que todo mundo sabe realizar Cuidados Paliativos, que é apenas uma questão de bom senso. O problema é que nem todo mundo tem bom senso, embora todos pensem ter! Nunca tive notícia de alguém que tenha procurado um psicólogo dizendo: "Vim aqui me tratar porque não tenho bom senso." A sociedade precisa entender que Cuidados Paliativos devem ser aprendidos e ajudar os médicos e profissionais de saúde a aprender. É um conhecimento de alta complexidade, de alto desempenho e, principalmente, de altíssima realização. E, para alcançá-lo, é necessária a busca por formação, é preciso conversar sobre a morte para que o cuidado que ela demanda esteja absolutamente disponível para todos que dele necessitem. Somente através da educação para os Cuidados Paliativos de excelência é que poderemos alcançar a realização profissional alinhada com nossa realização como seres humanos.

"Cuidados Paliativos é tratar e escutar o paciente e a família, é dizer 'sim, sempre há algo que pode ser feito' da forma mais sublime e amorosa que pode existir.
É um avanço da medicina."

Mensagem de agradecimento deixada por uma filha que acompanhou a morte do pai

EMPATIA OU COMPAIXÃO

*"Não me deixe rezar por proteção contra os perigos, mas pelo destemor em enfrentá-los.
Não me deixe implorar pelo alívio da dor, mas pela coragem de vencê-la.
Não me deixe procurar aliados na batalha da vida, mas a minha própria força.
Não me deixe suplicar com temor aflito para ser salvo, mas esperar paciência para merecer a liberdade.
Não me permita ser covarde, sentindo sua clemência apenas no meu êxito, mas me deixe sentir a força de sua mão quando eu cair."*

Rabindranath Tagore

Estar presente ao lado de alguém que precisa de Cuidados Paliativos não é viver pelo outro o que ele tem para viver. A habilidade da pessoa que tem que estar ao lado de quem sofre, de quem está morrendo, é um dom, um talento que se chama empatia. Empatia é a habilidade de se colocar no lugar do outro. Paradoxalmente, ao mesmo tempo que pode ser a habilidade mais importante para um profissional de saúde que quer trabalhar com Cuidados Paliativos, pode ser também o fator de maior risco para que ele se torne incapaz de cuidar.

A empatia tem seu perigo; a compaixão, não. Compaixão vai além da capacidade de se colocar no lugar do outro: ela nos permite compreender o sofrimento do outro sem que sejamos contaminados por ele. A compaixão nos protege desse risco. A empatia pode acabar, mas a compaixão nunca tem fim. Na empatia, às vezes cega de si mesma, podemos ir em direção ao sofrimento do outro e nos esquecermos de nós. Na compaixão, para irmos ao encontro do outro, temos que saber quem somos e do que somos capazes.

Vou tentar explicar o risco da empatia cega: suponha que você tem combustível no seu carro para rodar cem quilômetros. Se você andar cem, não voltará para casa. Simples assim. Se você tem capacidade de se colocar no lugar do outro, porém desconhece sua autonomia, corre o risco de entrar no lugar dele e nunca mais voltar para o seu. Terá andado demais sem ter ideia de quanto podia andar. Então, o primeiro passo para quem deseja se envolver com Cuidados Paliativos é se conhecer. Saber do que dá conta, do que se dispõe a fazer. Se essa pessoa deseja dar conta e isso significa ultrapassar os próprios limites, então terá que construir nesse percurso "paradas" para abastecer, tomar um refrigerante, um chá, um café, encher o tanque, fazer xixi, tomar um banho, encontrar um amigo, alguém que entenda, que acolha, para poder continuar seu caminho em direção ao outro. Esse outro irá buscar nela mais do que ela poderá dar, então tudo bem passar do limite.

Às vezes não temos escolha. Às vezes, é a pessoa que amamos que está morrendo, e passaremos do nosso limite. Só que, para dar conta de estar presente, teremos que atentar primeiro para nós mesmos. O ato de cuidar de alguém que está morrendo sem a responsabilidade do autocuidado é, a meu ver, uma expressão clara e absoluta de hipocrisia. Total hipocrisia. Quem cuida do outro e não cuida de si acaba cheio de lixo. Lixo de maus cuidados físicos, emocionais e espirituais. E lixos não servem para cuidar bem de ninguém. Simples assim. Muitas vezes ouço relatos como este: "Eu cuido da minha mãe, eu cuido do meu pai, eu cuido da minha irmã, eu cuido do meu marido, eu cuido dos meus filhos. Não tenho tempo para me cuidar." E aí eu digo: "Não conte isso pra ninguém, então! É um vexame. Para mim, é como evacuar nas calças. Você não chega contando: 'Eu fiz cocô na calça!' É um mico. Uma irresponsabilidade. E quando você afirma que a vida do outro vale mais do que a sua, está mentindo: a vida do outro vale para você se valorizar. Para você dizer: 'Olha só como eu sou legal! Me mato para cuidar da vida dos outros!'"

Não acontece só com pessoas comuns, acontece também entre profissionais da saúde que trabalham com isso. Que se acham legais também, mas não se cuidam. A empatia permite que nos coloquemos no lugar do outro e sintamos sua dor, seu sofrimento. A compaixão nos leva a compreender o sofrimento do outro e a transformá-lo. Por isso precisamos ir além da empatia. Todos nós precisamos de pessoas capazes de entender nossa dor e de nos ajudar a transformar nosso sofrimento em algo que faça sentido.

MEDO DA MORTE, MEDO DA VIDA

*"Não tenho medo da morte
mas medo de morrer, sim
a morte é depois de mim
mas quem vai morrer sou eu
o derradeiro ato meu
e eu terei de estar presente
assim como um presidente
dando posse ao sucessor
terei que morrer vivendo
sabendo que já me vou."*

Gilberto Gil

Muita gente diz ter medo da morte. E me espanto quando vejo como vivem: bebem além da conta, fumam além da conta, trabalham além da conta, reclamam além da conta, sofrem além da conta. E vivem de um jeito insuficiente. Gosto de provocar dizendo que são pessoas corajosas. Têm medo da morte e se apressam loucamente em encontrá-la.

Quem diz ter medo da morte deveria ter um medo mais responsável. Quem sabe poderíamos dizer que deveriam ter respeito por ela. O medo não salva ninguém do fim, a coragem também não. Mas o respeito pela morte traz equilíbrio e harmonia nas escolhas. Não traz imortalidade física, mas possibilita a experiência consciente de uma vida que vale a pena ser vivida, mesmo que tenha sofrimentos aliviados, tristezas superadas por alegrias, tempo de beber para celebrar, de fumar para refletir, de trabalhar para realizar-se. Mas tudo na medida boa, na medida leve.

Podemos tentar acreditar que enganamos a morte, mas somos

ignorantes demais para tal feito. Não morremos somente no dia da nossa morte. Morremos a cada dia que vivemos, conscientes ou não de estarmos vivos. Mas morremos mais depressa a cada dia que vivemos privados dessa consciência. Morreremos antes da morte quando nos abandonarmos. Morreremos depois da morte quando nos esquecerem.

CONVERSAS SOBRE A MORTE

"Precisamos aceitar a nossa existência em todo o seu alcance; tudo, mesmo o inaudito, tem de ser possível nela. No fundo, esta é a única coragem que se exige de nós: sermos corajosos diante do que é mais estranho, mais maravilhoso e mais inexplicável entre tudo com que deparamos."

Rainer Maria Rilke

Conversar sobre a morte, deixar virem reflexões sobre o sentido de morrer, entregar-se aos sobressaltos de sentimentos difíceis. Respeitarei os seus silêncios durante a minha escrita. São necessários para as reflexões que eu gostaria que nascessem dentro de você. Em alguns momentos serei direta, e minhas palavras podem ferir seus olhos. E você fechará o livro. Mas sei que voltará, e seguiremos o caminho de onde paramos, ou talvez até recuaremos uma ou duas esquinas (ou páginas).

Todos nós vamos morrer um dia. Mas, durante nossa existência, nos preparamos para as possibilidades que a vida pode proporcionar. Sonhamos com nosso futuro e vamos à luta. Sonhos tão humanos de ter uma carreira, uma família, um amor ou vários, filhos, casa própria, viagens, ser alguém na nossa vida ou na vida de alguém. Buscamos orientação somente para as coisas mais incertas. Quem garante que vamos ter sucesso na carreira? Quem garante que encontraremos o amor da nossa vida? Quem garante que teremos filhos ou não? Quem garante? Ninguém garante nada sobre essas possibilidades. Mas a morte é garantida. Não importa quantos anos viveremos, quantos diplomas teremos, qual o tamanho da família que formaremos. Com ou sem amor, com ou sem filhos, com ou sem dinheiro, o fim de tudo, a morte, chegará. E por que não nos preparamos? Por que não conversamos abertamente sobre essa única certeza?

    O medo, os preconceitos, a fragilidade que essa conversa expõe são maiores do que a nossa vontade de libertação desses temores. Há tempos na nossa vida em que as palavras não chegam. Tempos em que entramos em contato com o que há de mais profundo em nós mesmos, buscando respostas, sentidos, verdade. O tempo de morrer é um desses momentos. Rilke, em *Cartas a um jovem poeta*, traz aquela que é, na minha opinião, a mais sublime explicação para o que vivenciamos no fim da vida. Seja como expectadores, seja como protagonistas, a morte é um espaço aonde as palavras não chegam. Os momentos que vivi acompanhando pacientes na fronteira da vida jamais poderiam ser traduzidos em palavras. O indizível é a melhor expressão da experiência de vivenciar a morte. Na vida humana, talvez somente a experiência de nascer possa ser tão intensa quanto o processo de morte. E talvez seja por isso mesmo que tememos tanto esse tempo. O mais inquietante é que todos nós passaremos por ele ou acompanharemos o processo de alguém que amamos.

CONSIDERAÇÕES SOBRE O TEMPO

*"Será que é tempo
Que lhe falta para perceber?
Será que temos esse tempo
Pra perder?
E quem quer saber?
A vida é tão rara,
tão rara..."*

Lenine

Quando temos a experiência do tempo, o que determina o significado do que foi vivido é o "como". O tempo confere sentido àquilo que foi vivido, independentemente do ocorrido. O morrer devagar significa que haverá mais tempo para pensar na morte, e é isso que muitos temem. As pessoas não querem mais tempo para pensar na morte.

Mas vamos supor que você esteja disposto a essa aventura. Então tente responder: como seria o seu tempo se você estivesse em um leito de hospital, à espera de que alguém entrasse no quarto? Como seria a espera pelo momento de virem trocar a sua fralda? Como seria a espera pelo banho, pelo remédio para a dor? Penso que, se os médicos tivessem noção de quanto aquele momento da presença deles é aguardado, talvez prestassem mais atenção no que fazem e dizem quando estão na frente do paciente e de sua família.

No processo de morte, nos distanciaremos do que significa esse período em que estamos vivos, conscientes e capazes de decidir o que fazer com ele. A percepção do morrer traz a consciência de que nada do que temos ficará conosco. Nosso tempo por aqui não voltará, pois não é possível economizar tempo. Gastamos tempo com bobagens, com sofrimentos desnecessários. A maioria de nós chega a ser perdulária com o tempo de vida. E não há como se apegar a ele. Nós nos apegamos a tudo: às pessoas, às roupas, ao dinheiro, ao carro. Bens materiais que compramos e levamos para casa. Mas não é possível segurar o tempo. Em relação a ele, a única coisa de que podemos nos apropriar é a experiência que ele nos permite construir sem parar.

O que você vai fazer com esse tempo que vai passando? O que você está fazendo com esse tempo que está passando? Para mim, essa reflexão é a chave geral que "liga" a lucidez das escolhas. O que é que eu faço com o meu tempo? Certa vez, fui a uma entrevista para trabalhar em um hospital. O entrevistador perguntou sobre meu currículo, minha experiência. Depois me deixou à vontade para fazer as minhas perguntas. "Por que você pensa que eu acharia bom trabalhar aqui?", eu quis saber. Ele gaguejou. Perguntei algo mais pessoal então: "E por que você trabalha aqui? Por que você investe oito horas do seu dia aqui? Por que você põe um terço da sua vida aqui?"

Soube que ele pediu demissão algumas semanas depois da minha entrevista. Talvez minhas perguntas tenham deixado claro o mau uso de seu tempo de vida. Quando vem a percepção de que estamos abandonando o nosso tempo, matando-o, aí a escolha é muito mais urgente. A mudança tem que vir agora mesmo.

A experiência do tempo pode passar despercebida, mas também podemos viver um momento que dure cinco minutos e que seja tão incrível, tão especial que se tornará eterno em nossa lembrança. O tempo transformador não depende da duração. A experiência da morte tem um imenso potencial de transformação em um curtíssimo espaço de tempo. A primeira psicóloga que trabalhou comigo no Hospice tinha uma percepção da sessão terapêutica da psicologia como algo privado, vivenciado dentro de um *espaço* terapêutico, totalmente diferente do ambiente hospitalar. O mundo dos Cuidados Paliativos pode estar bem distante desse ideal. A experiência de realizar a sessão de psicologia dentro de um quarto partilhado com outro paciente, com um familiar, é diferente. A toda hora somos interrompidos pela equipe de enfermagem, pela faxineira, pelo funcionário da rouparia. O atendimento é suspenso porque o paciente tem dor ou precisa trocar a fralda. Conversar entre odores e temores não é uma experiência muito confortável para nenhum profissional. A psicóloga temia que isso interferisse no processo de compreensão do paciente, na evolução, no curso do enfrentamento da morte por essa pessoa.

Eu disse a ela: "Fique tranquila: a morte é um laboratório incrível onde funciona um acelerador nuclear de enfrentamento." Você conversa com o paciente pela manhã e, à tarde, ele tomou todas as providências para a compreensão daquilo tudo. Já pediu perdão, já perdoou, já resolveu isso e aquilo e agora está tudo bem. Daqui a pouco pode tentar resolver outras pendências.

Muitas vezes, a pessoa demora dez anos em um processo terapêutico assistido para entender coisas simples a seu próprio respeito. Mas no tempo de morrer parece que a capacidade individual de compreender e tomar atitudes sobre o uso do próprio tempo se acelera. Quem a pessoa pensava que era, ou mesmo quem a família pensava que ela era: tudo pode mudar completamente no final. A última impressão é a que fica. Como a pessoa se comporta na perda define a impressão que deixará. Se está em um emprego de que não gosta e começa a aprontar para ser mandada embora, os que estão à sua volta terão a percepção daquilo que um profissional *não deve* fazer. Quando está terminando um relacionamento e começa a trair e a escrever uma lista de queixas para justificar o final da história, é essa impressão nociva que ficará.

Quando adoecemos, a percepção que temos do tempo é muito diferente daquela de quando estamos saudáveis. O tempo da espera parece que dura para sempre. A espera é muito difícil: é o oposto da atividade. Como a pessoa não pode fazer coisas, é como se não estivesse viva. "Então agora não posso fazer nada? Não tem nada que eu possa fazer?" A medicina não pode fazer nada. Espera-se a morte, então. Mas o problema mais difícil não é a morte, é esperar por ela.

O psiquiatra francês Eugène Minkowski (1885-1972), um estudioso desse "tempo vivido", explica muito bem três perspectivas duais do tempo.

A primeira perspectiva dual envolve a espera e a atividade. Esperar alguma coisa significa não fazer, porque o resultado não depende de nós. A espera passa por uma percepção dolorida do tempo.

O segundo processo dual diz respeito à relação entre desejo e esperança. O desejo pressupõe a busca de alguma coisa que não temos. A esperança já é uma espera modificada pelo otimismo. A espera está sempre relacionada a algo que vai acontecer no futuro, mas a esperança pode estar em qualquer tempo. Podemos ter esperança de um resultado positivo de algo que já aconteceu. Exemplo prático: estou esperando o resultado de uma biópsia. Espero o resultado de um procedimento que já foi realizado, e tenho a esperança de que não seja câncer. A esperança alivia a dor nesse momento.

O terceiro momento dual do tempo, e o que me encanta mais, é a prece e a ação ética. A prece é descrita como a relação com algo que encontramos dentro de nós, um espaço de comunicação com algo maior que nós: algo ou alguém sagrado, uma divindade, um deus. Esse espaço interno de comunicação com algo maior nos torna mais poderosos. Fizemos tanto; fizemos tudo o que estava ao nosso alcance. Então, decidimos nos conectar com algo mais poderoso dentro de nós mesmos e nos superamos: agora há a reza. A prece tem sempre uma perspectiva de futuro bom.

Para Minkowski, a prece difere da meditação, que nos traz para o presente, e também difere da oração, que pode estar relacionada com o passado. Então ele faz a conexão dual com a ação ética. Na prece, esperamos que algo maior nos salve, resolva o problema. Na ação ética, nos conectamos com essa força, com esse poder que existe dentro de nós e que nos leva a fazer pelo outro algo que está além da nossa vontade. É nesse momento que o humano se torna divino.

Que momento é esse no nosso mundo? Para mim, um exemplo claro de ação ética é quando ouço uma mãe dizendo ao filho moribundo: "Pode ir." Em um primeiro instante, ela talvez tenha feito a prece pela cura, mas então se conecta com essa força e consegue entender que o melhor não é o que ela deseja que aconteça. A mãe do nosso exemplo olha para aquele instante e entende que, para o filho, o melhor talvez seja justamente aquilo que doerá tanto nela se aceitar. Mas ela aceita e liberta, por amor.

Quando nós nos conectamos com essa força maior e mais sagrada dentro de nós, conseguimos fazer o bem pelo outro. Genuinamente o bem. Porque é algo que precisa ser feito, mesmo que não seja o nosso desejo. Aliás, é algo que acontecerá independentemente do nosso desejo. Quando permitimos que aconteça o bem, aquilo flui, e é como se fosse um tempo vivido com todo o significado de amor do mundo. No momento em que estamos conectados com o outro e dizemos, do fundo do nosso ser, da nossa essência, "que aconteça o melhor", isso é poderoso. Acontece o melhor, e é rápido.

Essa experiência do tempo que podemos ver, contando no relógio, e do tempo que não passa acontece, em geral, quando nosso tempo está sem sentido. Um modelo experimental da ausência é entrarmos no metrô. Quem está no metrô nunca está lá: apenas sai de um lugar para chegar a outro. Naquele monte de gente não há ninguém presente. Quando estamos no metrô, pensamos: "Quanto tempo falta para chegar à minha estação?" Para muitas pessoas, a vida é como estar no metrô com os olhos vendados: elas entraram em um lugar que não sabem direito onde fica, não sabem onde vão descer e não estão presentes! Simplesmente estão dentro. Então a porta se abre e alguém pode chamar: "Ana Claudia, vamos descer!" Já?

Quando morre uma pessoa próxima, refletimos sobre a nossa vez de deixar o trem. Refletimos sobre a nossa morte: quantas estações faltam para chegar à estação da minha vez?

Como trabalho com pessoas gravemente doentes, que, quando chegam até mim, esgotaram todas as possibilidades de cura ou controle de sua doença, tenho uma clara noção da importância do tempo na vida delas. E essas pessoas têm muito pouco tempo.

Infelizmente, nossa cultura é faltante. Falta maturidade, integridade, realidade. O tempo acaba, mas a maioria das pessoas não percebe que, quando olha o relógio repetidas vezes esperando o fim do dia, na verdade estão torcendo para que o tempo passe mais rápido e sua morte se aproxime mais depressa. Mas o tempo passa no tempo dele, indiferente à torcida para apressar ou retardar sua velocidade.

O que separa o nascimento da morte é o tempo. A vida é o que fazemos dentro desse tempo; é a nossa experiência. Quando passamos a vida esperando pelo fim do dia, pelo fim de semana, pelas férias, pelo fim do ano, pela aposentadoria, estamos torcendo para que o dia da nossa morte se aproxime mais rápido. Dizemos que depois do trabalho vamos viver, mas esquecemos que a opção "vida" não é um botão "on/off" que a gente liga e desliga conforme o clima ou o prazer de viver. Com ou sem prazer, estamos vivos 100% do tempo. O tempo corre em ritmo constante. A vida acontece todo dia, e poucas vezes as pessoas parecem se dar conta disso.

COMO AJUDAR ALGUÉM A MORRER

*"A graça da morte, seu desastrado encanto,
é por causa da vida."*
Adélia Prado

Alguém está morrendo diante dos seus olhos. Você pode se sentir à margem da cena e isso é muito inquietante: "O que é que eu vou fazer agora? Esta pessoa está morrendo, e o que tenho que fazer por ela? O que posso fazer por ela? O que devo fazer por ela? O que quero fazer por ela?" E enquanto você se faz esse tanto de perguntas, o tempo passa, a vida passa, e a pessoa sob seus olhos passa.

Agora eu vejo o rio que está passando. Atravesso, molho os pés. Sinto a água, fria ou quente. Vejo ou não o fundo do rio, mas posso sentir a areia sob meus pés quando decido entrar e dou os primeiros passos. O que é que eu faço aqui na beira do rio? E aí, ao buscar entender o que eu estava fazendo na beira do rio, vejo-me na beira de um leito de vida que se esvai como um rio em busca do mar. Contemplo. E a única coisa de que tenho certeza é: não há como responder por que as pessoas morrem. Muitos discordarão dessa última frase, pois cada um tem suas teorias e suas certezas. Mas até hoje nenhuma teoria ou certeza individual, artística, espiritual ou científica conseguiu responder o que é a vida, quanto mais responder por que a vida acaba.

Então não perco tempo fazendo essa pergunta, porque pertence à mesma categoria de "por que o fogo queima?", "por que a água molha?" e "qual é o sentido disso?". Enquanto desperdiçarmos tempo aceitando ilusões sobre o que é a vida, não conseguiremos chegar à essência dela. Falta a verdade sobre nascer e viver, e passamos a vida sob a falta de verdade sobre o que é morrer.

Todas as pessoas morrem, mas nem todas um dia poderão saber por que viveram. Não sei por que crianças morrem. Não há explicação para isso, mas elas morrem. Também não sei por que jovens morrem, mas eles morrem. Os velhos morrem, e apesar de ser mais ou menos óbvio que quando ficamos idosos podemos morrer, nem sempre é simples aceitar esse destino lógico. Não é raro depararmos com pessoas que não aceitam que seus amados, mesmo os bem velhinhos, morrem. Mas sejam idosos ou jovens, ricos ou pobres, pretos ou brancos, homens ou mulheres; sejam advogados ferozes, voluntários ou políticos corruptos, a morte um dia vai bater à porta. Poderá vir acompanhada de uma doença e de sofrimento, estejamos prontos ou não. Então, pressupor que precisamos nos preparar para a morte não ajuda a evitar esse encontro, mas ajuda a evitar o temor desse encontro e a transformá-lo em respeito.

    Durante esse processo complexo de cuidar de um ser humano em todas as suas dimensões, fico sem saber por que as pessoas morrem e não vou saber nunca. Mas sei que existe um bom motivo para eu estar ali, na beira do leito, na beira do rio. Se estou diante de uma pessoa que está morrendo, sei que tenho muitas coisas importantes para fazer naquele momento sagrado da vida. E qual é o meu papel nesse encontro? Estou ali porque tenho que estar. No meu trabalho, a minha busca é responder a uma única pergunta: o que eu posso fazer para aquela situação ser menos dolorosa, o menos difícil possível? O que tenho que aprender para estar lá, ao lado daquela pessoa, e fazer com que aquilo seja vivido de uma forma bem menos sofrida do que se eu não estivesse presente? Enquanto as pessoas não olharem para a morte com a honestidade de perguntar a ela o que há de mais importante sobre a vida, ninguém terá a chance de saber a resposta.

    O problema é que caminhamos ao lado de pessoas que pensam que são eternas. Por causa dessa ilusão, levam a vida de modo irresponsável, sem compromisso com o bom, o belo e o verdadeiro, distanciadas da própria essência. Pessoas que não gostam de falar ou pensar sobre a morte são como crianças brincando de esconde-esconde numa sala sem móveis: elas tapam os olhos com as mãos e acham que ninguém as vê. Pensam de um jeito ingênuo: "Se eu não olho para a morte, ela não me vê. Se eu não penso na morte, ela não existe." E é essa ingenuidade que as pessoas praticam o tempo todo com a própria vida. Pensam que, se não olharem para o lixo de relação afetiva, o lixo de trabalho, o lixo de vida que preservam a qualquer preço, será como se o lixo não existisse. Mas o lixo se faz presente. Cheira mal, traz desconforto, traz doenças.

Elas podem pensar que, se não olharem para o Deus morto que cultivam em seus dogmas, esse Deus ficará bem-comportado para sempre. Não querem saber da verdade de um Deus morto que não se abre para o milagre do encontro sagrado. Essa gente vive meio morta para as relações de amizade, para o encontro com seus pares; é gente morta dentro da família e morta também na relação que têm com o sagrado em sua vida. Viver como mortos faz com que essa gente toda não consiga viver de verdade. Existem, mas não vivem. Há muitos ao nosso redor.

Eu os chamo de zumbis existenciais. Nas redes sociais, ao insistir em compartilhar violência e preconceito, ao persistir na vaidade de se manter infeliz por dentro e bobamente feliz por fora, as pessoas cultivam cada vez mais a própria morte sem se dar conta disso. Todos como crianças adoecidas, estranhamente crescidas, nuas, com as mãos tapando os olhos, acreditando-se invisíveis. Sem perceber que estão expondo suas piores expressões à luz de toda a sociedade. Estão ausentes da própria existência, e isso talvez seja a maior causa de arrependimento experimentado no fim da vida.

Faltar na própria vida é uma dessas ausências impossíveis de explicar. A conexão consigo mesmo, com o outro, com a natureza, com o mundo à sua volta e com o que cada um de nós considera sagrado exige, antes de tudo, um estado de presença. Não há espaço para falar sobre morte com pessoas que não estão vivas em suas vidas. Não, não estou falando sobre conversar com os mortos de fato; refiro-me a esses mortos-vivos, a essas pessoas que não conseguem realizar com um mínimo de coragem uma reflexão sobre a morte. Zumbis existenciais que já se enterraram em todas as suas dimensões humanas e caminham sem rumo. Só falta morrer fisicamente.

Aqui falaremos sobre as dimensões do processo de morte. Na área da saúde, estuda-se muito a parte biológica. No entanto, a biologia é apenas o que nos dá a oportunidade de experimentar o que é ser humano. Porque ser humano não é só ter coração e pulmões funcionando, não é somente a habilidade de manter seus órgãos trabalhando adequadamente para sentir-se bem. Buscamos viver nas melhores condições normais de temperatura e pressão, que os cientistas gostam de chamar de CNTP. Mas para que almejamos condições normais de temperatura e pressão? Para que desejamos ter órgãos e funções corporais em pleno funcionamento? Para que possamos ter a experiência de **ser** humanos.

O ser humano é a única espécie na Terra que é definida por um verbo. Vaca é vaca, boi é boi, borboleta é borboleta, mas **ser** humano, só nós. Nascemos animais, mamíferos pensantes e conscientes, mas só nos tornamos humanos à medida que aprendemos a **ser** humanos. No entanto, a maior parte dos animais da nossa espécie ainda não sabe o que é isso. Quando refleti sobre o assunto, entendi finalmente o sentido da expressão "humanização". Até então, me parecia sem sentido humanizar o humano. Agora percebo claramente que a maior parte dos animais pensantes e conscientes de nossa espécie se comporta de maneira instintiva e cruel, não se aprofundando em seus pensamentos, sentimentos e atitudes. Falar em humanizá-los, portanto, passou a fazer sentido para mim. A gente está "sendo", e a completude de "ser" humano só se dá quando sabemos qual é a finalização desse processo. Cada um de nós se organiza, se descobre, se realiza para ser humano até o dia em que a morte chega.

E é só pela consciência da morte
que nos apressamos em construir
esse ser que deveríamos ser.

Chega uma hora em que nos preocupamos em fazer check-up, em perder a barriga, em tomar conta da vida dos filhos. Pensar na morte nos faz pensar que é preciso fazer alguma coisa. Outro grave engano: vamos nos distanciando do "ser" pelo caminho do "fazer". Pensamos então que uma vida boa é uma vida que nos levou a ter coisas e a fazer coisas. Mas quando chega o tempo da doença não podemos mais fazer nada. E quando deixamos de fazer, pensamos que isso é morrer, mas não é ainda. A ideia de "ser" humano é simplesmente existir e fazer diferença no lugar onde estamos, por ser quem somos. As pessoas que se ausentaram da própria vida serão apenas "ausências" no tempo de morrer. Porque muita gente é assim na vida, um ausente quase que constante. E quando está presente, sente que esse tempo está vazio.

Voltando às dimensões da morte, para ajudar uma pessoa que está morrendo é preciso entender o que está acontecendo com ela. A dimensão biológica é uma condição necessária apenas para que as outras dimensões se expressem. Somos todos seres complexos, homens ou mulheres, crianças ou idosos, de qualquer cor, raça, credo ou profecia. Somos seres que contemplam a possibilidade de valorizar nossa dimensão física, porque estamos aqui, nesse tempo e nesse espaço. Temos também uma dimensão emocional, a mais universal que existe. Universal no sentido de tamanho, de complexidade, não na acepção de que é igual para todos. Há ainda a dimensão familiar, a dimensão social.

Todos os artigos e textos que falam das dimensões do sofrimento enumeram quatro: física, emocional, social e espiritual. Como já trabalho nessa área há bastante tempo, acabei me permitindo separar a dimensão social da dimensão familiar. A dinâmica familiar tem uma complexidade que independe da sociedade em que se vive. Cada família tem o próprio microcosmo, cujo funcionamento pode ser bom ou ruim.

Os políticos, por mais arrogantes que sejam, podem dizer ou escrever o que quiserem sobre o conceito de família, mas a única coisa real que pode definir esse grupo é o laço de amor que une seus membros. Nem mesmo laços de sangue são tão fortes quanto o afeto integral que une uma família. Pode haver famílias consideradas moral ou eticamente ruins que, no entanto, são funcionais. Cada um cumpre uma função na dinâmica familiar. Sempre tem aquele que é o bode expiatório, aquele que é o chato, aquele que é falso, aquele que cuida de todo mundo, aquele que pode ser considerado o provedor – financeiro ou existencial. Cada um ocupa um espaço dentro da família, espaço este valioso e essencial para o bom funcionamento dela; todos se equilibram e buscam uma harmonia dentro desse desenho de "móbile". É por isso que, para mim, a dimensão familiar é totalmente diferente da dimensão social.

E então temos a dimensão espiritual, que pretendo destacar, pois o sofrimento espiritual pode ser um dos mais intensos nos tempos finais da vida humana. A compreensão do que é o processo de morrer facilita muito a vida de quem está cuidando. Quando sabemos o que está acontecendo, temos condição de conduzir aquele processo de maneira natural e de perceber a morte também de maneira natural.

PERMISSÃO PARA A
MORTE NATURAL

"A morte será meu maior acontecimento individual."
Clarice Lispector

O que é morte natural no mundo em que a ciência fala de células-tronco?

Hoje vivemos uma era ímpar na medicina: muito se pode fazer para prolongar a vida humana. Ainda assim, mesmo com toda a tecnologia, morreremos. Ter uma morte natural pressupõe a existência de uma doença que segue seu curso natural de evolução, independentemente dos tratamentos que possam ser oferecidos, mesmo os mais modernos. Morte natural é aquela que acontecerá em decorrência de uma doença grave incurável, que está piorando e para a qual a medicina esgotou suas possibilidades de tratamento. Nada impedirá a pessoa que tem tal doença de chegar à morte; é uma condição inexorável para aquela situação. É a essa pessoa, a esse paciente, que ofereço os Cuidados Paliativos.

Os Cuidados Paliativos que pratico há vinte anos são esse processo de assistência para quem está na reta final. Às vezes, a reta final não é reta final no tempo: é a reta final da nossa vida. A terminalidade pode se prolongar por anos. Terminalidade não é a semana que vem. Terminalidade não é tempo, e sim uma condição clínica que advém de uma doença grave, incurável, sem possibilidade de controle, e diante da qual, impotente, a medicina cruza os braços. Isso pode ser vivenciado em horas, dias, semanas, meses ou anos. Se a doença avança devagarzinho, pode levar anos; se vai depressa, a pessoa parte em uma semana ou em poucos dias.

Na dimensão biológica, quando fui pesquisar o que é o processo de morte, a medicina tradicional não me forneceu respostas para as perguntas que me inquietam. Falando agora de maneira bastante técnica, o processo ativo, na iminência da morte, é descrito como uma falência de órgãos ou até uma septicemia. Por isso, a maioria das pessoas morrendo são levadas ao hospital e transferidas para a Unidade de Terapia Intensiva. Os médicos ainda não aprendem na faculdade a diferença entre ter uma parada cardíaca e morrer. Na verdade, morrer é um processo que jamais poderá ser interrompido, mesmo que façam tudo o que a medicina oferece. Se o processo ativo de morte se inicia, nada conseguirá impedir seu curso natural.

Mas o que é o processo ativo de morte? Encontrei respostas somente na medicina oriental. Busquei informações em vários livros dessa tradição e, somando esse conhecimento à minha atenta observação das centenas de pessoas que acompanhei, hoje me sinto mais serena para orientar a família e todos os envolvidos no momento em que um ser humano está morrendo.

Então, o que acontece quando a gente morre?

O PROCESSO ATIVO DE MORRER E A DISSOLUÇÃO DOS QUATRO ELEMENTOS

*"Cintilante é a água em uma bacia;
escura é a água no oceano.
A pequena verdade tem palavras que
são claras;
a grande verdade tem grande silêncio."*

Rabindranath Tagore

Os orientais nos falam dos quatro elementos da natureza: terra, água, fogo e ar. Como parte da natureza, também somos feitos deles. Quando morrermos, ocorrerá a dissolução dos elementos que compõem o nosso corpo.

Se pensamos na dissolução da terra, é mais ou menos óbvio que se trata da questão física, concreta, na pele. Ao longo do processo de doença, ela ocorrerá mais ou menos rapidamente a depender da agressividade da doença. O corpo começará a se desintegrar.

Depois virá a dissolução da água. Biologicamente falando, a pessoa tende a ficar mais desidratada e faz menos xixi. Diminui a produção de fluidos corporais, de secreções e enzimas do tubo digestivo e dos brônquios; as mucosas ficam mais secas. A medicina sabe hoje que é muito mais confortável para as pessoas morrerem levemente desidratadas. Normalmente, se o paciente for levado para uma UTI nessa etapa da degradação física, poderá alcançar um nível quase insuportável de desconforto. Isso ocorrerá porque a tendência dos médicos, ignorantes sobre o processo ativo de morte, é inundarem-no de líquidos e as consequências serão muito catarro e pele muito inchada e dolorida. Os rins pararão de funcionar, porque esse é o momento de não produzir mais urina. Os rins respeitarão o processo de dissolução da água, mesmo que os médicos não o façam. Essa situação torna quase inviável uma morte natural. Imagine a luta de um corpo que morre contra toda essa saga de intervenções que só atrapalham, pois não podem impedir nada.

Pacientes que experimentam a etapa da dissolução da água têm certo processo de comportamento muito característico: tendem a ficar mais introspectivos. Olham para dentro de si e para dentro da própria vida. Chega o momento da verdade, de encarar com honestidade o caminho percorrido. Nessa hora, alguém pode prescrever um antidepressivo. Sabemos que não se pode ficar quietinho e pensativo na sociedade de hoje. Seremos rapidamente questionados: "O que está acontecendo com você? Você não pode desanimar! Você tem que lutar! Tenha fé!" Parece não ser permitido olhar para o sentido de tudo o que está acontecendo e buscar a nossa essência de vida. Mas, à revelia das imposições da sociedade e dos antidepressivos, o processo de dissolução da água acontecerá com todos. Se estiver em um momento assim e o antidepressivo for prescrito sem indicação verdadeira, o paciente não sofrerá ao revisitar seus caminhos e suas escolhas, mas tampouco conseguirá ser feliz e se sentir realizado com o que lhe restou. Os sentimentos e os estímulos emocionais chegam a um paciente mal medicado envoltos em celofane: haverá apenas a ausência de sentir o que quer que seja. Só o vazio acontece. Esse paciente não sente frio, calor, não sente emoção, não sente nada.

Suponhamos, então, que não tenham passado antidepressivo e que a pessoa vá ficando um pouco mais triste. Então a família fala: "Você está triste? Não está reagindo?" Sim, está reagindo. Está reagindo internamente. Mergulhando fundo como nunca antes, buscando a si mesma dentro da própria essência. Porque nesse momento, em que estará se aprofundando na própria essência, começa a dissolução do fogo. É desse aprofundar-se que o paciente emerge pleno!

Na dissolução do fogo, cada uma das células tomará consciência de que o tempo está acabando, mas que ainda é tempo de vida. Sempre há tempo para ser o protagonista da própria vida, mas na dissolução do fogo encontramos o espaço de manifestação mais pleno dela. Estamos caminhando para o fim, mas agora o caminho fica mais belo e mais cheio de vida. Se cada uma das suas células percebe o fim, poderíamos pensar que haveria um caos de desespero, um estado de pânico celular e um colapso absoluto. Não, isso não acontece. Se tivéssemos sempre essa conexão com a nossa consciência celular, estaríamos vivendo o tempo inteiro em harmonia e equilíbrio. Quando cada uma das células se dá conta de que seu tempo aqui está se encerrando, elas se esforçam por mostrar, pela última vez, seu melhor estado de funcionamento. Então, as células do seu fígado se tornam hepatócitos exemplares, as do seu pulmão, incrivelmente hábeis em realizar as trocas gasosas, as células do seu cérebro despertam, e aqueles neurônios todos que nunca foram usados acordam e, curiosos, observam o cenário e dizem: "Deixe-me ver o que está acontecendo." De repente, todo o seu corpo funciona bem. O que, então, acontece com a pessoa?

Ela funciona bem, também. É a famosa visita da saúde, a melhora antes da morte, a bela força da última chama da vela. A dissolução do fogo traz para aquele ser humano que morre a oportunidade de perceber que veio a este mundo para "ser" humano. E essa pessoa tem a chance de mostrar ao mundo o motivo que a trouxe até aqui: amor.

O que vejo na dissolução do fogo de quase todos os seres humanos de quem cuidei em seus tempos finais é que viemos para caminhar na amorosidade. Não importa quanto de lixo a pessoa carrega dentro de si: na dissolução do fogo, o lixo será transformado em amor. Seja ela quem for, terá a chance de mostrar que o mundo é bom e melhor simplesmente porque ela existe/existiu. Se você conhece a criatura mais *trash* da face da Terra, olhe para ela e sorria com esperança: ela terá uma chance incrível de ser alguém melhor na hora de morrer.

Mesmo as pessoas que não morrem de morte anunciada, mesmo aquelas que morrem em acidentes ou com doenças fulminantes: quase sempre se diz que mostraram mudanças no comportamento pouco tempo antes de a morte acontecer. Diversas respostas chegam nesse momento da dissolução do fogo, e a pessoa tem, e se permite, a chance de amar, de ser amada, de perdoar, de pedir perdão, de falar "muito obrigada". Se tiver consciência do que está acontecendo, ela se despede. Não há um tempo determinado para isso, pois cada um tem seu tempo.

Se, como médica, eu identifico isso e permito que o tempo vivenciado seja natural, assim como todo o processo, evito que o paciente receba intervenções desnecessárias. Esse processo de melhora complexa, de experimentar a amorosidade em plenitude, expressando a pessoa que se é em sua essência, mostrando a que veio nesta vida, é o tempo mais consciente do processo ativo de morte.

Terminando a dissolução do fogo, o encontro verdadeiro com sua essência, a pessoa descobrirá o sagrado que mora no mais profundo espaço dentro dela. Nesse espaço mais profundo e sagrado está o sopro vital. O sopro vital corresponde ao elemento ar, que nos foi emprestado por Deus (ou pelo Universo) para que realizássemos nossa missão na Terra. E, assim que essa missão estiver concluída, deveremos devolvê-lo a quem nos emprestou. Começa então a dissolução do ar.

Essa é a fase da agonia, processo que a maioria das pessoas vai chamar de "morrer". Porque a percepção real da morte iminente acontece somente na dissolução do ar. Até lá, o corpo está doente; vamos atrás da medicina, vamos atrás dos tratamentos, fazer quimioterapia, fazer cirurgia, tomar remédio experimental, vender a alma, tomar passe, fazer tudo.

Na dissolução da água existe a tristeza, que pode ou não ser atenuada pelo antidepressivo, mas acontece. Então passamos pela fase de melhora, um tempo no qual a experiência de estar vivo parece plena. E entramos na fase de agonia: teremos que devolver o sopro vital. E ele sairá pelo mesmo caminho por onde entrou. Virá a fase da agonia respiratória, em que a pessoa respira mal, rápido ou devagar, depois faz uma pausa, seguida de uma respiração profunda. Quem acompanha um paciente passando pelas dissoluções anteriores consegue manter sintonia com a pessoa que está morrendo. Na dissolução do ar, não; é diferente. Quando queremos entrar em sintonia com alguém, começamos a seguir, de maneira inconsciente, a respiração dela. Se essa pessoa está ansiosa, somos capazes de entrar em sintonia com ela e acalmá-la, ou ela pode nos "contaminar" com sua ansiedade. Só que, na hora da morte, é impossível acompanhar a respiração da pessoa, absolutamente impossível. Não há como entrar em sintonia se não estivermos morrendo também. Somos capazes de entrar em sintonia com as emoções do outro e até de modificá-las, mas, no processo de morte, essa mágica deixa de ser possível: ele se iniciou e vai terminar, seja na UTI, na enfermaria ou em casa. A morte não escolhe lugar.

Acompanhar alguém nesse momento é a experiência mais íntima que podemos experimentar junto a outro ser humano. Nada pode ser mais íntimo do que compartilhar com alguém o processo ativo de morrer. Nem sexo, nem beijo, nem confidências. Naquele momento, buscaremos o sentido de estar ao lado de quem está morrendo; quem está morrendo buscará o sentido de estar ali; virão questionamentos dos pesos, dos fardos, dos medos, das culpas, das verdades, das ilusões. Tudo ali, exposto, verdadeiramente nu.

A pessoa que morre está nua, liberta de todas as vestes físicas, emocionais, sociais, familiares e espirituais. E, por estar nua, consegue nos ver da mesma forma. As pessoas que estão morrendo desenvolvem uma habilidade única de ver. Estar ao lado de alguém que está morrendo é desnudar-se também. Por isso a importância de trabalhos como o meu. Quanto tempo esse período vai durar? Ninguém sabe ainda. Esse "não saber" do tempo nos traz a possibilidade de vivenciar o momento presente. Ele nos traz a oportunidade de experimentar a plenitude. Quando dizemos que nos sentimos plenos é porque estamos com o pensamento, o sentimento, a atitude e o corpo, todos juntos, no mesmo lugar, ao mesmo tempo. Estar ao lado de alguém que se aproxima da morte pode ser um momento de plenitude na nossa vida, algo que ocorre rápida e fugazmente. A morte, do outro ou nossa, será uma rara, ou até única, experiência de estarmos verdadeiramente presentes na nossa vida.

A VERDADE PODE MATAR?

"O bom é que a verdade chega a nós como um sentido secreto das coisas. Nós terminamos adivinhando, confusos, a perfeição."
Clarice Lispector

Dizem que falar a verdade para o paciente com uma doença grave pode matá-lo antes da hora. Essa é uma das maiores mentiras que ouço, e ouço quase sempre. Enfrento dilemas frequentes diante de familiares que me imploram para não falar a verdade sobre a doença dos meus pacientes, pois acreditam cegamente que a verdade fará com que fiquem deprimidos e morram antes da hora. Comportam-se como crianças que não querem abrir o armário com medo do monstro imaginário, sem se dar conta de que a casa está caindo. E o armário vai ruir com a casa.

O que mata é a doença, e não a verdade sobre a doença. Claro que haverá um momento de tristeza ao saber-se doente, gravemente doente. Mas essa tristeza é a única ponte até a vida que pode ser vivida verdadeiramente, sem ilusões ou falsas promessas de cura. O que mata a esperança não é saber-se mortal, mas sim perceber-se abandonado. A palavra que mata é a palavra mal utilizada. Um dos maiores desafios que enfrento no dia a dia é convencer a família de que a pessoa doente tem o direito de conhecer sua condição de saúde.

Em um artigo publicado em 2012 numa renomada revista científica, Ahalt e colaboradores descrevem que as publicações de estudos com pacientes com doenças graves demonstram que a maioria dos adultos deseja que seu médico discuta informações prognósticas. Em uma pesquisa nacional americana com 1.272 idosos apresentados com uma variedade de cenários hipotéticos, a preferência em discutir o prognóstico com um médico aumentou com a diminuição da expectativa de vida: 11,4% na expectativa de vida de 20 anos, 55,8% na expectativa de vida de dois anos e 83,5% na expectativa de vida de um mês.

Em um estudo com 60 idosos brancos, chineses, latinos e afro-americanos deficientes, 75% gostariam que seu médico falasse com eles sobre prognóstico se tivessem menos de um ano de vida; os resultados foram semelhantes entre os grupos étnicos. Em outro estudo com 214 adultos com incapacidade e câncer avançado, doença pulmonar obstrutiva crônica ou insuficiência cardíaca congestiva, mais da metade dos indivíduos desejou discutir o prognóstico com seu médico.

A conclusão deles nessa revisão de estudos foi bem clara: os pacientes que têm um bom entendimento de seu prognóstico tendem a tomar decisões médicas diferentes daqueles que não têm esse conhecimento. O medo de discutir o prognóstico por ele supostamente poder provocar sentimentos negativos não é um motivo adequado para evitar discussões de notícias ruins. Há evidências crescentes de que a preparação inadequada para a morte leva a maus resultados de luto familiar, inclusive depressão, sentimento de arrependimento e tristeza complicada.

Quanto menor a expectativa de vida, maior a capacidade de querer saber a verdade sobre seu tempo.

Lidemos com isso.

Quando pergunto em uma aula quem gostaria de saber a verdade sobre ter uma doença grave, a maioria levanta a mão dizendo que sim. Então já aviso: conversem com seus filhos, seus amigos, sua família, sobre esse desejo. Porque, na hora que migramos para a condição de doentes, nossos filhos, nossos amigos, nossos pais e quase todos à nossa volta nos considerarão incapazes de viver o que precisamos viver. Todos esses que nos amam e que pensam poder nos proteger do sofrimento forçarão os médicos a compartilhar desse silêncio. E, mesmo em grande sofrimento, todos nos dirão que não temos nada, que nossa saúde é ótima e que nada do que sentimos de errado em nosso corpo é grave.

Mas o corpo não mente. O corpo nos diz, às vezes sussurrando e às vezes gritando: "Tem alguma coisa errada e muito ruim acontecendo." Então pensaremos: "Como é possível que eu não tenha nada? Sinto uma dor horrível, estou emagrecendo, é cada vez mais difícil ser eu mesmo... Como é que eu não tenho nada?" Quando estamos em um momento assim e as pessoas ao nosso lado não foram preparadas para estar ali, arma-se uma grande encrenca. As famílias pensam que poupam seus amados quando mentem, sem saber que seus amados também mentem para poupá-los.

Na minha rotina, os pacientes conversam comigo sobre sua finitude de maneira aberta e clara. Falamos sobre pontos muito tensos da trajetória das doenças, falamos até dos desejos sobre o funeral. Mas quando esses mesmos pacientes falam com suas famílias, especialmente com a parte da família menos preparada para sua morte, eles fantasiam tudo. Falam dos planos de viagem, dos jantares, das festas que virão nos próximos anos. Parecem negar a realidade da doença, mas, na verdade, negam a possibilidade de conversar sobre isso, pois duvidam que seus familiares sejam capazes de tolerar o assunto.

Quando dou ao paciente a chance de saber sobre a gravidade de sua condição, a verdade dá à pessoa a oportunidade de aproveitar o tempo que lhe resta de maneira consciente, assumindo o protagonismo de sua vida, de sua história. Ao poupar alguém da verdade, não estamos necessariamente fazendo o bem àquela pessoa. Não poderemos poupá-la da própria morte. Não poderemos salvá-la daqueles momentos difíceis em que será preciso estar em si mesma. Quando, na proximidade da morte, poupamos um ser humano da consciência de suas urgências, da importância do tempo de estar vivo antes de morrer, não conseguimos interromper o processo de morrer. Conseguimos privá-lo de viver.

A CONTEMPLAÇÃO DA MORTE

*"Morrer é apenas não ser visto.
Morrer é a curva da estrada."*
Fernando Pessoa

Uma das melhores metáforas que já ouvi sobre contemplar a morte é pensar que um dia, ao longo da vida, encontraremos um grande muro. William Breitbart, médico psiquiatra que trabalha com seus pacientes abordando o sentido da vida, trouxe essa metáfora em uma palestra, durante um congresso da minha área de conhecimento. A perspectiva subjetiva da morte é colocar-se ali, diante de um muro. Estamos trilhando o caminho da vida, às vezes tristes, às vezes alegres. Às vezes a vida está escura e não sabemos para que lado ir, mas sempre sabemos: estamos no caminho. Às vezes paramos no meio do caminho e sentamos em algum lugar, pensando: "Estou meio cansado agora, preciso dar um tempo." Quando paramos, contemplamos o que fizemos até ali e o que faremos a partir dali. Mas, se quisermos, nos levantamos e seguimos. Existe caminho pela frente.

Quando estamos perto da morte, nos deparamos com um muro. Um grande amigo, Leonardo Consolim, uma vez disse que imagina esse muro muito alto e comprido, como a muralha da China. E eu gostei dessa imagem, é com ela que me relaciono quando penso na minha morte. Não tem como dar a volta, não tem como escalar. E quando deparamos com esse muro e tomamos consciência da nossa morte, a única coisa a fazer é olhar para trás. Então, quando estamos diante da morte de alguém, que fique bem claro para nós: aquela pessoa está olhando para o caminho que percorreu e tentando entender o que fez para chegar até ali – e se a viagem valeu a pena.

O que norteia nosso caminho e nos impele a fazer boas escolhas é a certeza de que, quaisquer que sejam nossas escolhas, o muro nos aguarda.

Não importa o caminho, todos levam ao mesmo lugar. Então, não faz diferença se somos pessoas boas ou não: vamos morrer. Não faz diferença se somos honestos ou não: vamos morrer. Não faz diferença se amamos ou não. Se fomos amados ou não. Se perdoamos ou não. Não faz a menor diferença no resultado final. Não importa se Deus existe ou não. Os mais religiosos podem discutir comigo agressivamente sobre a última frase, mas, na verdade, a hora final pertence somente a quem morre. A depender de nossa relação com nosso Deus, esse pode ser um dos piores momentos da sua existência ou o melhor. Se Deus existe, morremos no final. Se Deus não existe, também morremos no final. A discussão pode girar em torno do que acontece depois de morrer, mas aí já teremos passado pelo momento que consideramos o mais temido. O que vai acontecer, invariavelmente, é que no final de qualquer história, de qualquer caminho, de qualquer escolha, vamos morrer. Independentemente daquilo que acreditamos que exista ou não. A única coisa da existência humana para a qual não existe alternativa é a morte. Para todo o resto há opção: podemos fazer ou não, podemos querer ou não. Mas morrer ou não, isso não existe.

O que faz a diferença dos caminhos que escolhemos ao longo da vida é a paz que sentiremos ou não nesse encontro. Se fizermos escolhas de sofrimento ao longo da vida, a paz não estará presente no encontro com a morte.

A melhor coisa que posso fazer por alguém na hora da morte é estar presente. Presente ao lado dessa pessoa, diante dela, por ela, para ela. Um estado de presença multidimensional que somente o caminho da compaixão pode revelar.

Se eu for sentir a dor do outro, então não posso estar presente, pois será a minha dor. Se eu sinto a dor, estou em mim e não no outro. Quando tenho compaixão pela dor do outro, respeito essa dor, mas sei que ela não me pertence. Posso estar presente a ponto de proporcionar socorro, levar conforto. Se tenho compaixão, posso oferecer ou buscar ajuda. Se sinto a dor, estou paralisada; não posso suportar estar presente diante desse sofrimento e preciso de ajuda. Ver uma pessoa sentindo dor é desesperador, especialmente quando não temos ao nosso lado um médico que saiba dar importância a esse cuidado. Talvez ele não saiba nem queira usar seu conhecimento técnico para resolver esse grave problema. Isso se deve à profunda carência de formação do médico no nosso país em relação ao controle da dor.

Para ser capaz de cuidar de alguém que está morrendo, a primeira coisa que é preciso saber é em que medida podemos estar ali, com quanta responsabilidade conduzimos a própria vida. Essa responsabilidade para consigo mesmo é a medida da capacidade de ser responsável pelos cuidados com a vida de qualquer pessoa amada. Quando não damos esse valor à vida, o primeiro a nos desmascarar é aquele que está morrendo. Esta é outra revelação do tempo de morrer: teremos condições de perceber a verdade contida em cada escolha passada, presente e futura de nossa vida. Saberemos da importância verdadeira de cada momento, deixando então cair todas as máscaras, ilusões, temores, fantasias, recalques. Na hora de morrer, seremos verdadeiros oráculos.

Quer um conselho sábio a respeito da sua vida? Peça a alguém que está morrendo. Esse sopro vital de sabedoria, bem perto da hora da saída, emerge para a consciência e ilumina os pensamentos com uma luz divina, uma lucidez absurda. Conseguimos perceber processos do antes, durante e depois, aqueles mistérios sobre os quais os mais religiosos diriam que só Deus sabe. Quando estamos diante da morte, essa revelação da verdade surge nos olhos de quem nos observa. Se mentirem, saberemos. E se for você a estar diante dos olhos de alguém que está morrendo, saiba: essa pessoa pode ver a sua plena verdade. Você pode ser um excelente médico, enfermeiro, jornalista, advogado, farmacêutico, lixeiro, diarista; pode exercer muito bem qualquer profissão que não exija contato com seres humanos, bastando ser muito bom na parte técnica. Pode ser que ninguém perceba que você é um ser humano incompleto. Mas, nos Cuidados Paliativos, isso virá à consciência da pessoa de quem você está cuidando. Estará escrito nos olhos dessa pessoa que você era quando mente que está tudo bem. Se você se sentir incapaz de estar ao lado do paciente, pode ter certeza de que é mesmo incapaz. Se você está se sentindo um lixo, precisará buscar uma resposta. Precisará apropriar-se da própria vida para tornar-se digno de estar ao lado de alguém próximo da morte.

Para mim, não existe nada mais sagrado do que estar ao lado de quem está morrendo. Porque não haverá a próxima vez. Independentemente da religião, se tem ou não tem, nessa vida morremos só uma vez. Não tem ensaio. Você pode ter um, dois ou três filhos, pode se casar cinco vezes, pode fazer várias coisas várias vezes, mas morrer é uma vez só. É só naquele tempo. O grau de presença que é preciso desenvolver para realizar Cuidados Paliativos só pode ser alcançado com treinamento técnico comprometido, atividade física consciente para sentir o seu corpo, terapia emocional e experiências que ajudam a encontrar a própria paz. Como ajudar o outro a achar a paz dele se não fazemos ideia de onde está a nossa? Um diploma não mostra o sentido da vida, portanto não nos iludamos com certificados. A importância que damos à nossa vida não pode ser avaliada pelo currículo Lattes. Se não sabemos onde está a nossa importância, dificilmente seremos capazes de fazer alguma coisa na vida de alguém e, na hora da morte, é possível que sejamos apenas presenças incômodas.

A transformação começa no momento em que nos percebemos capazes de estar presentes. A pessoa que está morrendo não deve sentir-se um peso, um estorvo, um incômodo. Ela merece a chance de descobrir-se valiosa para quem está ali, ao lado dela. Todos nós merecemos isso. Sentir que temos valor, que somos importantes, que somos amados, mesmo quando estivermos doentes e morrendo. O desafio de quem quer estar ao lado de uma pessoa que está morrendo é saber transformar o sentimento dela em algo de valor. Transformar o sentimento de fracasso diante da doença em um sentimento de orgulho pela coragem de enfrentar o sofrimento de finitude. Se a pessoa que está morrendo se sente valiosa, no sentido de ser importante, de fazer diferença na própria vida e sentir que faz diferença na vida de quem está cuidando dela, ela honrará esse tempo.

Muitos justificam seu desejo de estar ao lado de uma pessoa que está morrendo assim: "Quero ser voluntário para ajudar as pessoas a morrer; quero fazer Cuidados Paliativos para ajudar as pessoas a morrer; quero estudar tanatologia para ajudar as pessoas a morrer." Mas é bem o contrário disso. Preste atenção: se você quer ajudar as pessoas a morrer, então vá buscar outra coisa. Vá vender cigarros, álcool, drogas. Vá compartilhar violência e tristeza. Isso ajuda as pessoas a morrer.

Para estar ao lado de alguém que está morrendo, precisamos saber como ajudar a pessoa a viver até o dia em que a morte dela chegar. Apesar de muitos escolherem viver de um jeito morto, todos têm o direito de morrer vivos. Quando chegar a minha vez, quero terminar a minha vida de um jeito bom: quero estar viva nesse dia.

ZUMBIS EXISTENCIAIS

*"Um trem de ferro é uma coisa mecânica,
mas atravessa a noite, a madrugada, o dia,
atravessou minha vida,
virou só sentimento."*

Adélia Prado

Na terminalidade humana, é comum que todos ao redor da pessoa que morre a observem como se ela já estivesse morta. Mas o problema maior do mundo à nossa volta passa longe da doença física.

Muita gente não está viva *de fato*, mesmo com o corpo funcionando bem. É uma coisa terrível. Gente que enterrou suas dimensões emocional, familiar, social e espiritual. Gente que não sabe se relacionar, que tem dificuldade de viver bem, sem culpas nem medos. Gente que prefere não acreditar para não correr o risco de se decepcionar, seja em relação ao outro, seja em relação a Deus. Gente que não confia, não entrega, não permite, não perdoa, não abençoa. Gente viva que vive de um jeito morto. Temos mortos andando livres nas academias de ginástica, nos bares, nos almoços de família de comercial de margarina, desperdiçando domingos por meses a fio. Gente que reclama de tudo e de todos. Gente que perpetua a própria dor se entorpecendo com drogas, álcool ou antidepressivos, tentando se proteger da tristeza de não se saber capaz de sentir alegria.

Vejo isso nos hospitais, em especial na sala dos médicos, na sala do café das enfermarias, nos vestiários. São lugares povoados por gente morta andando perdida, sem encontrar sentido em cada dia de trabalho. Na maioria dos hospitais e instituições que se intitulam "serviços de saúde", o que mais está presente é esse cheiro de gente morta-viva. Nos grandes escritórios, vejo pessoas cheias de razão econômica, política, administrativa. Esses também se empobreceram de vida e se enriqueceram de morte. Em um contexto no qual as pessoas não têm a chance de perceber que estão vivas, o cheiro característico da morte está mais presente. Mas onde a morte está de verdade, a vida se manifesta.

O desafio de fazer uma pessoa se sentir viva não é negar o processo de morte dela. Então, se desejamos estar presentes, seja trabalhando, seja vivenciando a morte de uma pessoa que amamos muito, os primeiros desafios são estes: saber quem somos, o que estamos fazendo ali e como faremos para que aquele processo seja o menos doloroso possível. O passo seguinte é buscar saber qual é a nossa capacidade de transformar a maneira como aquela pessoa se vê – como um fardo, um peso, um mar de medos e arrependimentos – em algo de valor. Se nos sentirmos perdidos no meio disso tudo, observemos. Em uma sábia fala de um filme bem popular, *Piratas do Caribe*, um personagem lança luz sobre esse momento tenso: "Quando a gente está perdido, encontra lugares que, se a gente soubesse onde estavam, jamais teria encontrado." Aproveitemos o tempo em que nos perdemos. Permanecer ao lado de alguém que está morrendo fará com que experimentemos muitas vezes essa sensação de estar perdidos. Não é o caso de fugir. É nesse espaço de tempo que conheceremos caminhos totalmente inéditos dentro de nós mesmos para chegar a um lugar incrível: a vida.

TODOS CHEGAREMOS AO FIM. QUAL CAMINHO É O MAIS DIFÍCIL ATÉ ESSE DIA?

"Salve-se quem puder, porque para todas as horas é sempre chegada a hora."
Clarice Lispector

O tempo é uma questão recorrente quando falamos sobre a finitude. Quando não houver mais tempo, dará tempo de ser feliz? Quando uma pessoa adoece e precisa fazer seu tempo parar de correr para se tratar, o tempo não passa em segundos, minutos, horas: passa em gotas ou em comprimidos. Os intervalos são percebidos entre um remédio e outro, entre uma visita de médico e outra, entre um exame e outro. É o tempo do soro pingando no suporte ao lado da cama. De seis em seis horas, de oito em oito horas. O tempo se dilata e não passa.

Sou uma médica privilegiada porque trabalho em dois extremos: em um consultório que fica dentro do Hospital Israelita Albert Einstein, em São Paulo, onde conheço pacientes com boa condição socioeconômica, e no Hospice, ligado ao Hospital das Clínicas, também em São Paulo, onde recebo pessoas que podem chegar em condições bastante precárias – moradores de rua passam pelos meus cuidados. São dois extremos na cidade, mas uma única realidade: seres humanos doentes que podem estar bem perto da morte. Está claro para mim que o sofrimento humano não escolhe bolso nem número de diplomas, carimbos nem passaportes, pratos cheios ou vazios ou quantidade de livros na estante. Quando falamos da expressão do sofrimento, as questões que o motivam são exatamente as mesmas. A raiva de um filho que briga pela herança do pai é a mesma daquele que briga com a mãe pela pensão de meio salário mínimo. Apesar da aparente diferença social, as pessoas experimentam o mesmo medo da dor, a mesma solidão, o mesmo amor pela vida e também a mesma raiva, a mesma culpa, o mesmo discurso de radicalismo religioso, o mesmo comportamento.

A diferença entre esses dois grupos de pacientes, mesmo recebendo todos os cuidados possíveis dentro de seus mundos, é que a pessoa que tem muito dinheiro pode ter uma experiência muito mais árida no processo de morrer. O fato de ter recursos leva as pessoas a acreditar que podem mudar tudo, que podem recuperar a saúde comprando remédios caros, pagando por profissionais caros, hospitais caros. Mas nenhum dinheiro do mundo nos protegerá de morrer quando chegar a nossa hora. Quem teve muitas alternativas na vida, em geral, cai no mundo do arrependimento com mais facilidade diante da morte. Aqueles que na vida só tiveram uma chance de escolha, a de sobreviver, em geral chegam ao final dela com a plena certeza de que fizeram o melhor que podiam com a chance que tiveram.

No Hospice não tínhamos privacidade, esse nome chique que inventaram para a solidão. Lá nossos quartos eram duplos. A morte acontece, e a pessoa é a testemunha da morte do seu companheiro de quarto. Parece mórbido, mas ela sabe que daqui a pouco será a vez dela. E a experiência de vivenciar a morte do vizinho traz a consciência de que esse momento pode ser sereno.

As pessoas que recebem Cuidados Paliativos no Hospice têm a chance de fazer sua passagem na "primeira classe". No processo de morrer, essa metáfora da "passagem" é muito usada. Em seu livro *Bilhete de plataforma*, Derek Doyle, especialista em Cuidados Paliativos, traz histórias reais de um médico que trabalha com pessoas no final da vida. A expressão "bilhete de plataforma" remete à realidade de uma estação de trem, onde uns embarcam e outros ficam na plataforma ajudando no embarque. Nós, as pessoas que cuidam dos que estão morrendo, ficamos na plataforma; ajudamos a achar o lugar certo e confortável, acomodamos a bagagem, checamos se todos os envolvidos se despediram. Todos embarcam, mas alguns embarcam mal. Infelizmente é muito comum as pessoas associarem os Cuidados Paliativos com eutanásia. Sou chamada para avaliar um paciente em terminalidade e seus familiares temem que eu faça tudo para acabar com o sofredor. Tenho que explicar a todos os envolvidos – paciente, família e equipe – o que significa cuidar.

Se a pessoa está realmente em sua fase final de vida e escrevo na prescrição que o paciente tem "permissão para a morte natural", a reação chega a ser misteriosa. O enfermeiro vem até mim e diz: "Então, doutora, será que vamos começar a sedação agora?" Aí tenho que começar tudo de novo, desde o início, quando tudo era treva. Como nascem os bebês? É preciso que nasçam sedados? Então! Para morrer também não precisa sedar. Nascimento natural, parto natural, vida natural, morte natural. Difícil entender? Sim, às vezes é, e eu preciso desenhar. E é muito mais fácil fazer com que a família entenda do que a equipe de enfermagem, nutricionistas, fonoaudiólogos, fisioterapeutas e, pior ainda, os médicos. Então, a você que me lê e que não é da área da saúde, peço que perdoe essas pobres criaturas chamadas médicos, porque na faculdade não aprendemos a conversar sobre a morte. Aliás, não aprendemos nem a conversar sobre a vida! Nossa formação é sobre doença. Somos muito bons nisso de falar esquisito, e apenas sobre doenças. Somos de um vocabulário e raciocínio extremamente limitados. Tenha compaixão e paciência, pois atrás de um jaleco e de alguns números do CRM há um coração que sofre muito também.

Começamos a faculdade com uma intenção muito idealista e linda de salvar vidas, mas a vida nos mostra que a salvação vai muito além de remédios ou cirurgias. O que tentam nos ensinar na faculdade é que bons médicos têm de fugir da morte. O trabalho do médico deveria ser o de promover a saúde. Mas atuamos na base do medo: faça exames! Caminhe cinco vezes por semana, durma, coma direito! Senão você morre! Claro que você vai morrer. Mesmo que faça tudo isso. Deveríamos alertar que, se você fizer tudo isso, vai viver melhor. E isso já deveria ser um bom motivo.

É um grande desafio para os médicos e profissionais de saúde compreender que não há fracasso quando acontece a morte. O fracasso do médico acontece se a pessoa não vive feliz quando se trata com ele. Muita gente está curada de câncer, mas se sente completamente infeliz estando viva. Por que isso acontece? De que adianta curar e controlar doenças se não conseguimos fazer com que o paciente entenda que a saúde conquistada pode ser a ponte para a realização de experiências plenas de sentido na sua vida? O papel mais importante do médico em relação ao seu paciente é o de não o abandonar.

A DIMENSÃO ESPIRITUAL DO SOFRIMENTO HUMANO

"Quando tocar alguém, nunca toque só um corpo. Quer dizer, não esqueça que está tocando uma pessoa e que nesse corpo está toda a memória de sua existência. E, mais profundamente ainda, quando tocar um corpo, lembre-se de que está tocando um Sopro, que este Sopro é o sopro de uma pessoa com seus entraves e dificuldades e, também, é o grande Sopro do Universo. Assim, quando tocar um corpo, lembre-se de que está tocando um Templo."

Jean-Yves Leloup

No meu dia a dia de trabalho com Cuidados Paliativos, as pessoas que estão morrendo e suas famílias acabam entrando em contato com questões muito profundas da existência humana relacionadas à espiritualidade. Para falarmos sobre espiritualidade, precisamos primeiro fazer um exercício de desapego daquilo que pensamos que sabemos a respeito desse assunto. É quase como se nos sentássemos diante de um livro sagrado que está virado de cabeça para baixo e tentássemos ler as coisas de outro jeito, fazendo uma mudança mental, pois não dá para virar o livro.

No censo de 2010, 92% dos brasileiros proclamaram seguir alguma religião. Os que se dizem sem religião não necessariamente não acreditam em Deus. Apenas 0,02% da população brasileira não declarou religião alguma; provavelmente são estes os verdadeiros ateus. A maioria acredita em Deus e segue alguma religião. Aliás, boa parte tem mais de uma. Frente a isso, muitos julgam e condenam o brasileiro por não ser fiel a um Deus com grife, seja ela católica, evangélica ou espírita. Mas a verdade sobre esse comportamento "ecumênico" é que o brasileiro é um ser em busca de segurança e garantias, de algo ou de um ser maior que o proteja, o apoie e abra seu caminho. Fazemos parte de uma cultura que acredita que tudo pode dar certo dependendo das vantagens de um determinado comportamento religioso.

A maior parte das pessoas vai se dar conta da importância da sua religião ou da sua religiosidade quando estiver conscientemente perto da morte, seja por estar muito doente, seja porque alguém da família está muito doente. Então essa pessoa depara com a possibilidade de se relacionar com Deus. Desde que comecei a trabalhar com Cuidados Paliativos, já cuidei de centenas de pessoas. São muitas histórias, únicas e ao mesmo tempo invariavelmente humanas. Nesses anos todos, já cuidei de pessoas de várias religiões: católicos, evangélicos, espíritas, além de ateus.

Até eu trabalhar no Hospice, onde tive a oportunidade de cuidar de mais de seiscentos pacientes em menos de quatro anos, os ateus de quem cuidei tiveram os processos de morte mais serenos que eu já tinha acompanhado. Eram ateus essenciais, não convertidos.

De todos, o "ateu convertido" é o ser humano em quem percebo o maior sofrimento espiritual diante da morte. Ateu convertido é aquela pessoa que um dia acreditou em Deus, que até praticava alguma religião, mas em algum momento Deus não se comportou bem e perdeu sua credibilidade. A pessoa que se decepcionou com Deus decide que não acredita em mais nada e se converte ao ateísmo.

Os ateus essenciais muitas vezes nasceram em famílias de ateus ou nunca conseguiram de fato acreditar, mesmo quando crianças. No entanto, têm um grau de espiritualidade acima da média. Fazem o bem a si mesmos, ao próximo e à natureza, e praticam esse bem com tamanho respeito que é impossível não se encantar com sua qualidade humana. Como não acreditam em um Deus salvador, fazem sua parte para salvar a própria vida e a vida do planeta em que vivem.

Os ateus que acompanho no consultório adoeceram, tiveram câncer, fizeram quimioterapia, radioterapia, cirurgias, passaram bem perto da morte ou tiveram familiares gravemente doentes; no entanto, apresentaram o menor grau de sofrimento espiritual. Para desespero dos religiosos fundamentalistas, Deus é suficientemente grandioso para poupá-los de sua ira. Eles passaram por todo o processo de maneira íntegra. De maneira serena. E isso gera muita inquietude entre aqueles que acreditam que precisam de Deus para morrer bem, ou melhor, para serem poupados da morte. Nenhuma religião pode impedir a presença da morte. Nenhum Deus, católico, evangélico ou de qualquer outra religião, pode impedir que o corpo humano acabe. Quando falo sobre espiritualidade para plateias religiosamente hostis, a indignação é clara: "Como assim? Como as pessoas podem morrer bem sem acreditar em Deus?"

No Hospice, tive a oportunidade de presenciar processos de morte em pessoas profundamente religiosas que também se foram com muita serenidade. Então entendi muitas coisas sobre isso. A religião pode ser uma comorbidade grave, até perversa, ou uma ferramenta de cura muito profunda e eficaz.

Em um artigo científico da área de neurociências publicado em 2011, a descrição de uma área cerebral chamada "pensamento de Deus" me chamou muito a atenção. Com o título original "Qual o preço da sua alma?", a pesquisa avaliou o cérebro por ressonância magnética funcional (um exame de imagem que mostra a atividade dos neurônios enquanto estão recebendo determinados estímulos externos/internos). Nesse estudo, os indivíduos foram avaliados no momento em que se expunham a ideias ou pensamentos que poderiam ser considerados sagrados; registrava-se, então, qual área do cérebro correspondia ao estímulo da frase. Em um segundo momento da pesquisa, fazia-se uma proposta em dinheiro para que o indivíduo mudasse de opinião.

Na primeira fase, foram identificadas basicamente duas áreas importantes: uma está relacionada a um processo de avaliação de custo-benefício; a outra, a valores deontológicos sobre certo e errado. Quando, exposto à ideia de algo considerado sagrado, acendia-se a área de certo e errado, a chance de o indivíduo mudar de ideia frente a uma proposta financeira era significativamente menor do que quando a área estimulada era a de custo-benefício. Ou seja, se o que é sagrado para o indivíduo estiver colocado como benefício, então ele tem preço. E, a depender do que está em jogo (a vida de um filho, por exemplo), nem Deus pode pagar.

A área chamada "pensamento de Deus" é uma região cerebral que entra em atividade quando a pessoa é estimulada a falar sobre Deus. Então, quando dizemos que Deus castiga aqueles que não lhe obedecem, a mensagem é que nós os castigaríamos caso fôssemos Deus. É preciso ter muito cuidado com as "palavras" de Deus recitadas pelos homens, pois elas falam muito mais sobre quem diz do que sobre Deus. A verdadeira resposta do sagrado é aquela que não pode ser mudada, mesmo que Deus não obedeça.

O artigo também discute como os valores considerados sagrados podem mudar a depender do que as pessoas acreditam que os outros pensam sobre isso. Pondero então que fazer o bem porque pega bem é uma prática comum entre as pessoas que se dizem religiosas. Gostam de mostrar o quanto são caridosas e generosas e adoram receber elogios a suas atitudes "bondosas". Esse comportamento entra na categoria custo-benefício, sendo o benefício algo da esfera da aprovação social.

Há também quem faça o bem para se dar bem. Os benefícios que poderão ser adquiridos em outra vida fazem com que as pessoas queiram fazer o bem. Essa atitude também entra na balança das vantagens. Isso não é sagrado, é negócio. Sagrado é aquilo que fazemos e em que acreditamos, mesmo que não recebamos nenhuma vantagem por isso, mesmo que sejamos prejudicados. Integridade é a medida das coisas em que acreditamos e que expressamos. Aquele que pensa e sente diferente do que diz e faz é um ser em desintegração.

A integridade de cada um de nós está alinhada com aquilo que pensamos, e busca compatibilidade com o que dizemos e fazemos. Mesmo que estejamos em um momento no qual realizar isso plenamente ainda não seja possível, quem está nesse processo de alinhamento está inteiro. Penso na espiritualidade como um eixo que faz com que eu me movimente na relação comigo mesma, com a minha vida, na relação com o outro, na relação com a sociedade, com o Universo, com a natureza e com Deus. O drama da religião mora na relação com o outro e com Deus. Julgamentos e condenações agregam a esse eixo sentimentos tóxicos que emperram o fluxo natural do Bem Maior.

Ao falar sobre religião, as pessoas sempre estão em busca da verdade. Tendo estudado muitas religiões por causa do meu trabalho, entendi que há aquelas que acreditam em Deus e aquelas que não acreditam. Budistas e jainistas não acreditam em Deus. Acreditam no divino, no sagrado, mas não existe um criador, um cara genial que planejou tudo e implantou o projeto dos Universos. Em busca da verdade, encontramos muitas pessoas que vivenciam a religião e a relação com Deus. Porque, uma vez que tenhamos estabelecido como verdade que existe um Deus, o passo seguinte é estabelecer uma relação com Ele. Cada religião terá uma *química* para esse grande empreendimento chamado "relação com Deus", com suas normas, regras de comportamento, práticas, seus textos e scripts que vão reger um grupo de religiosos considerado "especial" e que se intitula "escolhidos". O ser humano tem esse hábito estranho de buscar espaços onde se sinta diferente, se possível superior em relação a outros. E a religião favorece essa percepção de ser escolhido, de ser favorecido, de ser merecedor, de ser segregado positivamente do resto da humanidade da qual discordamos.

Nessa condição de favorecimento, as pessoas podem apresentar uma espécie de obsessão por um conhecimento fornecido por mensageiros. Leituras compulsivas, cursos intermináveis, processos de iniciação e retiros torturantes levam, cada vez mais, a um estado de cegueira em relação ao que é sagrado de verdade. Aqueles que se dedicam mais a esses processos de conhecimento, de expansão "cognitiva" da religião, chegam a cargos elevados em seu grupo e se reconhecem como mensageiros ou sacerdotes. Eles é que se colocam como intermediários na negociação da nossa conversa com Deus, "espiritualmente" falando. Pensamos que nosso entendimento é limitado, então buscamos uma versão que gostaríamos que fosse a verdade. Explique a verdade para mim?

O problema é que a verdade não é um conceito. A verdade é uma experiência. Só conseguimos entrar em contato com a verdade "espiritual" quando transcendemos, quando "experimentamos" a verdade. Não faz o menor sentido falar: "Eu acredito em Deus!" Quando o indivíduo teve a experiência da verdade da existência de Deus, diz: "Eu sei que Deus existe." Raciocínio prático: não preciso dizer que acredito que o sol nasce todos os dias. Eu SEI que o sol nasce todos os dias. Dentro de mim não há qualquer dúvida a esse respeito.

As pessoas que conhecem a verdade em relação à espiritualidade vivem essa experiência de transcender; não é necessário provar nada e é impossível explicar. Não existe a necessidade de convencer ninguém. E essas pessoas não se sentem agredidas caso alguém duvide delas. Quando começamos a discutir religião pelo nível conceitual da verdade, aí faz sentido brigar, pois falamos de regras, normas, políticas, comportamentos, vantagens e desvantagens, custo e benefício.

Aí partimos para o segundo tipo de relação que se pode ter com Deus: a relação de poder. As pessoas querem mandar em Deus. Querem seduzi-lo a mudar de ideia. Bajulam, negociam, fazem sacrifícios. Como se Deus fosse de um sadismo absurdo, desejando que as pessoas percorram quilômetros ajoelhadas, sangrando, para conseguir alguma felicidade. E quando Deus não se comporta conforme o esperado, sobrevém a sensação de traição, de abandono, de punição. As entrelinhas da oração de quem negocia favores com Deus poderiam ser assim: "Veja bem, estou com câncer, mas seria ótimo se eu ficasse curado. Acho que você vai acertar na mosca se fizer o que eu peço, vai pegar superbem com a minha família e com os meus amigos. Prometo que imprimo uns santinhos para distribuir na rua e contar o que você fez. Vou pedir, você vai atender e olha só: quanta gente vai acreditar em você se cumprir a sua parte! Bem, só estou sugerindo. Porque você sabe que eu faço tudo o que você manda." E insistem nessa conversa tola.

Às vezes a gente pensa que Deus é surdo e demente também. Tem gente que grita, que repete loucamente a mesma oração centenas de vezes. Quando pensamos assim, estamos acendendo aquela área do cérebro que chama "pensamento de Deus". Que é maior ou menor, dependendo da falta de crítica de cada um. Se não tivermos muita crítica, acabaremos mesmo nos metendo em decisões que não são da nossa alçada.

Quando se trata de fé, as religiões dizem coisas muito diferentes. Ter fé é diferente de acreditar. Aprendi isso com um paciente muito sábio, tão sábio que, depois de viver uma relação desastrosa com a família, tornou-se morador de rua. As relações com os amigos são melhores do que as que cultivamos na família. Perguntei a ele: "Francisco, você acredita em Deus?" A resposta: "Eu não acredito em Deus, não, em Deus eu tenho fé." Eu fiz aquela cara de "Oi?", e ele perguntou: "Você entendeu?" Nada, não tinha entendido nada... E ele me salvou: "Acreditar, a gente pode acreditar em tudo. Eu acredito em demônio, eu acredito em bruxa, mas fé só tenho em Deus."

Esse momento, para mim, foi uma epifania. Acreditamos em alguma coisa, qualquer coisa. Fé pressupõe uma entrega. Se temos fé em Deus, e fé em que ele fará o melhor por nós, não importa o que aconteça, teremos a certeza de que foi o melhor que poderia acontecer. Mesmo que tenha acontecido a doença, o sofrimento e a morte, ou a cura. Foi o melhor. Quando acreditamos que Deus vai nos curar, nos convencemos de que a melhor solução para aquele processo é que sejamos curados. Quando temos fé, nos colocamos em uma condição de sermos cuidados, de sermos protegidos, de nos entregarmos à sorte de ter um Deus, o Deus certo para nós. Aquele que pode nos levar ao nosso destino. Ao que precisa ser vivido. Ao verdadeiro sentido de dizer: "Que seja feita a vossa vontade."

Ao refletir sobre esse processo de fé como entrega, percebemos que há bem poucas pessoas religiosas. Raríssimas pessoas. A experiência espiritual é uma verdade experimentada, não é uma verdade conceitual. Podemos ter uma experiência de transcendência independentemente da religião que abraçamos ou não. A transcendência, para mim, é um sentimento intenso de pertencimento, de se tornar "um" com aquilo que nos desperta esse sentimento. Aquele mar, aquele pôr do sol, aquele abraço do ser amado só estará completo porque estou ali e pertenço àquele momento, faço parte daquele mar, daquela luz, daquele céu, daquela brisa. Não tem mais o "eu passado" nem o "eu futuro"; *sou* aquele momento, aquele instante presente. Na hora em que nos separamos desse sentimento estamos diferentes, transformados.

O fim da vida é uma experiência que tem grande poder de transcendência.

A experiência de transcender é sempre sagrada. É como experimentar água do mar: em qualquer parte do planeta, será sempre salgada. E sempre que experimentarmos a transcendência, será sagrada. Sempre. Se fosse possível entrar em uma máquina de ressonância funcional no momento da transcendência, podemos ter certeza: a área do nosso cérebro que se acenderia seria a do sagrado, do que é valoroso, do que é bom e verdadeiro para nós.

Não sei se é correto dizer que deveríamos questionar o que é sagrado para nós, o que é Deus para nós. Perguntarmos a nós mesmos a respeito do que é Deus é muito perigoso, mas isso virá quando estivermos diante de uma morte – da nossa ou de alguém que amamos muito. Então, vale a pena se preparar para essa avaliação final da fé. Como fica a sua fé na hora de viver seus tempos finais e reconhecer que sua missão terminou? O sofrimento pode ser o gatilho da sua transformação como ser humano. Pode ser um momento de perceber uma versão totalmente nova de Deus. Se pensarmos que cada um de nós, internamente, tem um reino de Deus, cada um de nós tem uma versão inédita, pessoal desse divino. E quando achamos que sabemos tudo sobre divino e sagrado e nos colocamos diante de uma pessoa que está morrendo, esse Deus que mora dentro de nós vai nos mostrar, de verdade, quem é o divino e quem é o sagrado dentro de nós.

O mais perigoso, porém, é quando pensamos ter certeza de que sabemos o que é melhor em relação à religião e, com isso, interrompemos o fluxo de relacionamento com o paciente baseando-nos na nossa perspectiva religiosa. Isso é um desastre. Seria muito melhor se todos os profissionais que trabalhassem com Cuidados Paliativos fossem simplesmente ateus essenciais. Porque o ateu puro tem pelo menos uma curiosidade antropológica a respeito da crença do outro. O ateu verdadeiro, aquele de berço, é um cara da paz, que respeita a opinião e a crença de qualquer um. Ele não julga. Ele é um curioso. Os ateus convertidos, não; eles são fundamentalistas como qualquer religioso, e fazem guerras para provar que Deus não existe. Então entendo o ateu convertido como uma religião, também. Uma religião que quer provar que Deus não existe.

Os profissionais de saúde que desejam converter o paciente à própria religião podem ser perigosos. Quando se convencem de que o paciente sofre por não ter escolhido o caminho que julgam ser o certo, já se declararam incapazes de compreender a grandiosidade do caminho escolhido. Tem sempre alguém que pensa ou fala que aquele paciente está morrendo porque não aceitou Jesus no coração. E quando pensa ou diz isso, assume que esse Jesus também não entrou no próprio coração, pois, se o tivesse feito, jamais agiria assim com alguém que sofre diante da própria morte. Jesus, Buda, pensemos em qualquer guru ou liderança espiritual: todos morreram. A Morte é um ato sagrado.

A disponibilidade de aceitar e tentar desvendar o entendimento do outro representa o grande desafio de cuidar da espiritualidade. Por isso digo que, para cuidar de alguém que está morrendo, é preciso libertar-se do nosso conhecimento, dos nossos preconceitos.

Não há um caminho que todos devam percorrer, pois cada pessoa que surge diante de nós é um novo modelo de vida, um novo universo. Esse universo é algo tão grandioso, e ao mesmo tempo tão único e complexo, que expõe a nossa pequenez. Quando ajudamos as pessoas à volta do paciente, especialmente os familiares, a perceber quão grandioso é o processo de morrer, tudo fica muito claro e flui melhor. É possível entregar-se a esse fluxo do rio que vai em direção ao mar com tranquilidade, sem dúvidas, sem correr ou acelerar, sem nadar contra a correnteza de nós mesmos. Acompanhamos o ritmo da pessoa que parte. Nessa interação verdadeiramente humana, a religião, na sua essência, é um caminho maravilhoso que se conecta a alguma coisa sagrada dentro de você. Talvez Deus não esteja no outro ou dentro de você. Talvez a verdade seja que estamos todos "dentro" de Deus.

Ao longo desse tempo cuidando de tantas pessoas incríveis, percebi que o que faz girar esse eixo de espiritualidade dentro de cada um de nós é o Amor e a Verdade que vivemos com integridade. O Amor que sentimos, pensamos, falamos e vivemos. A Verdade que sentimos, pensamos, falamos e vivemos. Não importa qual é a nossa religião, não importa se acreditamos ou não em Deus. Se a nossa espiritualidade estiver sobre uma base de Amor e Verdade, vivenciados e não somente conceituados, não importa o caminho que escolheremos, a vida dará certo. Sempre.

ARREPENDIMENTOS

*"Deixamos em suspenso as nossas descrenças,
e não fomos os únicos."*

Neil Peart

Olhar para trás diante da finitude é o que traz mais inquietação. Diante da consciência da morte, olhamos para a vida que tivemos até aquele momento e repensamos nossas escolhas. Chega aquele momento em que pensamos: "Será que eu vim pelo caminho certo? Será que se eu tivesse dado a volta teria sido mais rico e a morte teria demorado mais a chegar?"

A primeira pergunta que nos fazemos quando confrontados com a finitude é: será que havia algum jeito de não estar ali? Vêm à nossa mente ideias como: "Ah, se eu não tivesse fumado, não teria câncer de pulmão!"; "Se não tivesse dirigido bêbado, não estaria aqui!"; "Se tivesse vivido de um jeito mais saudável, não estaria agora com as coronárias entupidas!"; "Se eu não tivesse nascido nessa família, não teria esta doença!". Quando temos tempo, podemos fazer uma nova escolha, pois o arrependimento pressupõe que ainda é possível fazer um retorno e seguir adiante pelo caminho que passamos a considerar certo. Quando não temos tempo, porém, o arrependimento é clássico: erramos e estamos condenados. Esquecemos que, quando fizemos aquela escolha (que hoje julgamos errada), nem nos demos conta de que estávamos indo para o lado errado.

No livro *Antes de partir: Uma vida transformada pelo convívio com pessoas diante da morte*, a enfermeira australiana Bronnie Ware relata sua experiência com pacientes em fase final de vida, conhecidos como "pacientes terminais". Em suas visitas domiciliares, ela começou a perceber que, nas conversas que teve com pessoas à beira da morte, havia alguns discursos recorrentes ligados ao arrependimento. Bronnie descreve os cinco maiores arrependimentos das pessoas antes de morrer, e é muito precisa em sua descrição: vejo o mesmo no meu dia a dia com meus pacientes.

O primeiro desses arrependimentos é: "Eu gostaria de ter priorizado as minhas escolhas em vez de ter feito escolhas para agradar aos outros." Muita gente se arrepende disso e, quando a morte se aproxima, ao fazer o balanço de uma vida desperdiçada, quer de volta o tempo que entregou ao outro, aquele tempo em que fez coisas que acreditava serem boas para o outro. Só que ninguém pediu nada; a pessoa fez porque quis. Pelos motivos mais nobres ou mais egoístas possíveis.

Quase sempre, quando fazemos alguma coisa para agradar a alguém, o fazemos por acreditar que, assim, contribuímos para a felicidade dessa pessoa. Nas entrelinhas, são escolhas para validar a nossa importância na vida desse alguém. No entanto, pensemos: usar nosso tempo de vida para nos tornarmos importantes na vida de outra pessoa é escolher um caminho bem torto para existir. Se podemos ser nós mesmos e se isso fizer de nós seres amados apenas pelo que somos, isso é felicidade, é completude. No entanto, se precisamos nos tornar outra pessoa para nos considerarmos amados, há algo errado. É quase certo que nos arrependeremos. Não podemos ser aquilo que representamos para o outro. É um caminho muito perigoso.

Voltando àquela situação de acompanhar alguém no momento da morte, é fundamental que se entenda: a pessoa não está morrendo para que nós nos sintamos úteis. Não é esse o propósito. Não está ali para nos dar a certeza de que servimos para alguma coisa. Ficar ao lado de alguém que está morrendo é muito maior do que a nossa existência. Nossa existência existe para existirmos, é tão simples como respirar. Só que, ao longo da vida, "terceirizamos" os beneficiários das nossas decisões oferecendo-as a pessoas que não pediram essa escolha. Por exemplo: "Ah, então vou trabalhar muito porque quero dar o melhor para os meus filhos"; "Não vou comer, não vou dormir: vou trabalhar de sol a sol para pagar uma escola muito cara, para que eles possam ser médicos, engenheiros, advogados". Mas o filho quer ser artista; quer viajar e conhecer o mundo. Não damos valor às decisões que nossos filhos possam tomar nem acreditamos em sua capacidade de tomá-las com discernimento. Não conversamos com eles nem buscamos caminhos que todos possam trilhar em direção a uma escolha mais verdadeira. Quando eles decidem algo diferente do que imaginamos, nossa frustração se manifesta pela indignação: "Como assim? Eu me sacrifiquei tanto por você! Que ingrato!"

Tive a oportunidade de cuidar de uma senhora com demência avançada que havia passado mais de vinte anos na cama, dependente dos cuidados da filha. A filha gritava que a mãe não podia morrer: "Eu dei a minha vida por ela! Quando tinha 20 anos, estava com casamento marcado, convites distribuídos, igreja pronta, tudo pago, e ela disse para mim: 'Você vai me abandonar? A mim, que estou doente e velha?'" E essa filha largou tudo. Cancelou o casamento, parou de estudar, tudo para tomar conta da mãe. E aí se passaram 35 anos. Essa mulher se perguntava: depois de ter oferecido a melhor parte de sua vida para a mãe, como ela se atrevia a morrer? Que direito tinha de morrer? Claro que, para ela, a mãe não podia morrer. Em desespero, essa filha me pedia: "Trate dela, dê morfina, ela não pode morrer! Entube, faça tudo, porque ela tem que viver. Minha vida depende disso."

Essa é uma história dramática, um extremo do sofrimento. Quando a mãe exigiu que a filha abandonasse a própria vida, a filha não soube dizer que poderia cuidar dela de outra forma. Aceitou a chantagem e se arrependeu. Mas o arrependimento chegou tarde demais e virou um lamento. Já não havia retorno.

Quantas vezes não interpretamos pedidos semelhantes, mesmo que não com esse grau de dramaticidade, e deixamos de viver a nossa vida em prol da expectativa que alguém tem a nosso respeito? A verdade é que colecionamos momentos em que tomamos decisões para agradar a outras pessoas. E, no final, teremos que fazer o balanço dessas escolhas.

Algo bastante frequente nos hospitais e clínicas de idosos é a severa crítica ao "abandono" das pessoas em seu leito de morte. Mas é muito importante não fazer juízos precipitados a respeito da solidão dos pacientes dentro dos hospitais. Muitas pessoas pensam que alguém que tem câncer ou passou dos 60 anos virou de repente um santo, digno de ser idolatrado e amado pela família inteira. Não é assim que funciona a vida. Cultivamos a qualidade das nossas relações, e esse cultivo determinará se vamos desfrutar de boas companhias no fim da vida – ou se ficaremos sozinhos. Qual é a verdadeira história de cada abandono? Quem é aquela pessoa que está no hospital? Quem seremos nós no hospital? Seremos um imenso poço vazio que só deu, deu, deu e nunca recebeu nada em troca? Se na vida fomos um poço vazio, vazio ele continuará às portas da morte. Será muito difícil reconstruir relações e viver histórias com sentido depois de um caminho tão longo, tão difícil, percorrido de forma tão concretamente cruel.

Pode ser que no fim seja possível construir uma relação com os profissionais de saúde. Muitos morrem recebendo amor das pessoas que cuidam deles. É bastante comum que, no leito de um hospital, pessoas que foram consideradas difíceis ao longo de toda a vida acabem criando vínculos belíssimos conosco, os cuidadores e os profissionais de Cuidados Paliativos.

Ainda assim, no momento em que alguém no leito de morte percebe que tomou decisões para fazer felizes outras pessoas que nada pediram e que, pior, não se satisfizeram com as decisões que ofereceu a elas, o arrependimento vem e dói demais. Uma dor que nenhuma morfina pode aplacar.

SENTIMENTOS SEM MÁSCARAS

"O amor me fere é debaixo do braço,
de um vão entre as costelas.
Atinge o meu coração é por esta via inclinada.
Eu ponho o amor no pilão com cinza
e grão roxo e soco. Macero ele,
faço dele cataplasma
e ponho sobre a ferida."
Adélia Prado

Outro arrependimento que a enfermeira Bronnie Ware menciona em seu livro e que percebo na minha prática cotidiana diz respeito a demonstrar sentimentos. Bronnie fala de "amor" especificamente, mas eu estendo essa definição para os sentimentos em geral, mesmo aqueles considerados ruins.

Somos criados e educados para controlar a expressão dos nossos sentimentos. Para isso, usamos máscaras e disfarces. Para sermos aceitos, ouvidos e compreendidos, nos tornamos capazes de esconder muito do que sentimos. Acreditamos que ocultar sentimentos pode nos proteger. Ao longo da nossa vida, no convívio com o outro, sentimos muita dor. Por isso, criamos estratégias para nos defendermos do próximo sofrimento. "Fiz isso e me machuquei" e "Não quero que aconteça de novo" são pensamentos recorrentes que todos temos.

De maneira tola, agimos como se todas as pessoas que passam pelo nosso caminho fossem clones da primeira que nos machucou. Temos a tendência a acreditar que todo mundo é igual. Há quem pense que o mundo inteiro está sendo pago para lhe fazer mal. Não é isso. Nem mesmo um inimigo nosso dedicaria a vida a essa missão. Todos querem ser felizes. Mesmo aquelas pessoas que nos fazem mal desejam o mesmo que nós: uma vida feliz, plena de realizações. Essa talvez seja a maior libertação que a filosofia budista me trouxe: compreender que todos querem ser felizes. Os piores e os melhores seres humanos têm esse desejo em comum comigo. Aprendi que ninguém no mundo nasceu só para me fazer infeliz.

Quando temos medo da exposição, não dizemos o que sentimos; colocamos a máscara. Ao longo da vida, colecionamos máscaras e usamos as que mais se adaptam ao nosso estilo. Se queremos ser aceitos, usamos a máscara de bonzinho, de solícito. Estamos sempre prontos a ajudar, todos podem contar conosco. Somos adorados.

Então chega o momento em que tiramos a máscara e todo mundo nos vê. Estamos nus de corpo e alma. Se fomos bons só para agradar, então terá chegado a hora de entender que precisaremos ser bons de verdade para enfrentar a solidão do fim da vida. De alguma forma, a verdade sempre aparece ao longo das nossas relações; mesmo que nós mesmos não percebamos que estamos sendo falsos, a outra pessoa acaba por perceber. Nesse momento, ficamos sozinhos, e existem muitas histórias assim no hospital. Histórias de pessoas que ajudaram muita gente e que agora se encontram ali, sozinhas. Mas elas ajudaram com um único objetivo: o de se sentirem seguras. Não construíram relações.

A busca por segurança dentro do afeto é um buraco negro. É possível encontrar tudo ali, menos afeto verdadeiro. Usamos a máscara das boas relações e, no fim das contas, o que encontramos é a contracapa da nossa marca. Não demonstrar afeto como estratégia de defesa traz arrependimento, porque vivemos experiências e sentimentos muito intensos internamente – e os mantivemos presos dentro de nós. Privamos o outro de compartilhar nossos grandes vulcões de transformação, ignorando a verdade de que o encontro é o que nos transforma. O encontro com as próprias expectativas, com as próprias reflexões, com os livros de autoajuda, as revelações que nos vêm durante uma palestra – nada adianta se não houver a troca com o outro.

O mundo interior não tem grande potencial de transformação. O que tem esse potencial é o encontro verdadeiro com o outro, porque de outro ser humano talvez recebamos as chaves de algumas portas fechadas dentro de nós; portas que guardam grandes revelações e segredos a nosso respeito. Eu posso ter a chave para abrir o seu coração. Posso ter a chave que abre o compartimento da raiva. Quando você me vê, só pensa no quanto sou insuportável. Assim, não é agradável me encontrar, porque você sente raiva.

Da mesma forma, há pessoas que abrem espaços dentro de nós revelando amor, paz, alegria. Todas essas emoções já habitam o nosso coração; não posso lhe levar nada que você já não tenha. Muitos autores, escritores, pensadores disseram isso, porém o mais incrível é quando acontece diante dos nossos olhos, diante do nosso coração. Posso levar algo que você ainda não sabe que tem, porque tenho a chave. Eu ou outro ser humano. Mas alguém fora de você, fora de nós mesmos.

Para mim, isso fica muito claro nesses encontros com a morte de quem cuido. Todos temos dentro de nós a essência da consciência através da morte. Se eu conseguir abrir a porta certa, todos encontrarão o mesmo que eu. A expressão do afeto é o que transforma, e nos sentimos plenos na vida se formos instrumento de transformação. Não importa se esses afetos são ou não são bons: fazer julgamento de valor sobre o que sentimos, dizer a nós mesmos "Isso é bom sentir" ou "Isso não é bom sentir" pode ser muito perigoso nos tempos finais.

"Devo torcer pela morte da minha mãe?!", "Posso sentir ódio do meu pai?!" ou "Quero que essa pessoa, que eu deveria amar tanto, morra" são fruto de emoções que brotam espontaneamente, sem controle, e por meio do pensamento tentamos selecionar e decidir na consciência se são boas ou ruins. Se podemos ou não sentir. Então acreditamos que demonstrar afeto bom é válido, bonito e simpático, e demonstrar afeto ruim não é válido nem bonito nem simpático. Só que, muitas vezes, é por meio do afeto ruim que a transformação realmente se dá. Nem sempre alcançamos as pessoas, ou somos alcançados, pelo caminho suave da alegria. Não estou dizendo que o sofrimento é o único caminho, mas é bem possível que ele tenha uma capacidade indiscutível para transformar.

Os grandes dramas humanos são muito semelhantes. "Estou magoado com a maior parte das pessoas aqui, mas ninguém sabe" é um deles. "Estou com muita raiva de você, mas não vou te falar" é outro. "Não quero falar porque não consigo, não lido bem com conflito" é igualmente comum. Quando não demonstramos o afeto, ele fica guardado dentro de nós. A energia do afeto não evapora, especialmente quando esse sentimento parte de relações próximas. O processo de tentar curar sentimentos ruins, de fazer uma espécie de reciclagem interna gera resíduos tóxicos, e muitas vezes não nos damos conta disso. O tratamento mais curativo que existe é a expressão honesta do que sentimos.

É preciso entender também que ter inimigos não é de todo ruim. Às vezes é por meio deles que encontramos força e coragem para superar obstáculos. Nossos amigos nos amam como somos. Acreditamos que daremos aos nossos amigos o nosso melhor, mas, muitas vezes, são os inimigos que exigem o melhor. Queremos ser mais felizes, ter mais sucesso, mais força, mais tudo. Frente aos nossos inimigos precisamos demonstrar uma força inacreditável. Situações de conflito nos colocam diante de sentimentos difíceis e de pessoas que, aparentemente, nos causam mal. Esses confrontos podem ser uma grande fonte de transformação, o impulso para descobrirmos a potência que temos dentro de nós. Não me refiro à vingança, mas sim a uma capacidade de nos apropriarmos da nossa força interior.

Mesmo quando demonstramos um afeto com o qual é difícil lidar, oferecemos à pessoa do outro lado do ringue a oportunidade de também se transformar. O mais bonito é que, ao agir assim, também nos abrimos para a transformação. Sentindo a dor, podemos curar a alma lacrada dentro da mágoa. Só tem cicatrizes quem sobreviveu; quem deixou a ferida aberta, morreu mal. Chegará ao final da estrada, em frente ao muro final, arrependido por não ter demonstrado afeto por pessoas que podem ter partido antes – a mãe, o filho, a esposa. As chances que perdemos de demonstrar o que sentimos de verdade chegam com toda a força no fim da vida. Mas se ainda há tempo para demonstrar esse afeto, e se fazemos isso... ah, é lindo viver essa experiência!

TRABALHAR PARA VIVER, VIVER PARA TRABALHAR

*"E se não sabeis trabalhar com amor mas com desagrado, é melhor deixardes o trabalho e sentar-vos à porta do templo
a pedir esmola àqueles que trabalham com alegria."*
Gibran Khalil Gibran

Outro arrependimento diz respeito a ter trabalhado muito.

Se temos um trabalho que nos oferece a chance de deixar o mundo melhor, mesmo que só um pouquinho e só para poucas pessoas; se nos envolvemos nesse trabalho com verdadeira energia de transformação e nos realizamos, vemos sentido no fluxo que escolhemos, ainda que implique trabalhar muito.

Todos pensamos na vida como um tempo de realizações. Existem pessoas para quem viver é possuir bens. Elas trabalham loucamente para ter, para acumular. Acumulam não só bens materiais, mas também mágoas e crises. Podem ter muitas coisas, inclusive problemas. Porém, o que causa verdadeiro arrependimento é precisar de máscaras para sobreviver no ambiente profissional. Quando existe uma diferença entre quem somos na vida pessoal e quem somos no trabalho, então estamos em apuros. Olhamos para aquela cena, de nós mesmos trabalhando, e não nos reconhecemos. Mas encontramos uma justificativa: "Aquela pessoa lá no trabalho é outro ser, que está ali para fazer aquele serviço; eu sou outra pessoa." Estamos longe, e não ali dentro daquele jaleco, daquele terno, daquela gravata, daquela sapatilha.

Se só sabemos ser nós mesmos calçando um chinelo, então coloquemos os pés na terra antes que seja tarde e não saibamos mais a diferença entre a nossa pele e a sola do sapato.

Nem só aqueles que trabalham de terno e gravata, vestido elegante, uniforme da empresa ou de jaleco são infelizes. Tem muita gente que trabalha com arte, com um mundo lúdico, e mesmo assim é totalmente infeliz. Julgamos o trabalho do outro, mas a verdade é que cada um sabe o peso do fardo que carrega. Tem gente que acha que a vida do outro é melhor, mas nem sempre é. Quando aceitamos que nosso trabalho se distancie da nossa essência, temos a sensação de tempo desperdiçado, principalmente se preferimos nossa essência ao nosso trabalho.

Mas também existe risco quando gostamos mais de ser aquela pessoa do trabalho, especialmente se só conseguimos pensar em nós mesmos como alguém porque trabalhamos. Essas pessoas podem ser incríveis na carreira, mas na vida pessoal são um desastre. Quando se aposentam, é como se morressem. Elas desempenham seu papel de maneira muito mais fluida dentro do ambiente de trabalho do que na própria vida.

Isso acontece com muita frequência entre profissionais de saúde. Muitas vezes, estão completamente infelizes na vida pessoal porque trabalham na área da saúde. Embora sigam à risca a recomendação universal de fazer pelo outro aquilo que querem que façam por elas, muitas vezes há algo de doente no ato de cuidar, de se doar e ser útil. Elas fazem pelo outro o que não conseguem fazer por si mesmas. E essa é uma regra muito ruim.

Quantas vezes ouvimos comentários assim nesse meio: "No meu trabalho tem uma mãe perdendo um filho. Por que vou reclamar da minha vida? A dela é muito pior que a minha." O profissional de saúde que se coloca na posição de salvador, de cuidador, mesmo que voluntário, apenas *entrega* algo ao outro. Não *encontra* o outro. Existe uma barreira na relação genuína. Ele está presente na vida do paciente, porém usa uma máscara de fada madrinha: somente dá e não se permite receber. Com isso, perde a chance de se encontrar verdadeiramente com a pessoa de quem está cuidando e, no fim do dia, sente-se esgotado.

Porém, quando o profissional de saúde realiza esse trabalho com real presença e se abre à possibilidade de troca de aprendizagem, de transformação, sente-se renovado no fim do dia. Por vezes, termino o meu dia cansada. Saio de casa às seis da manhã e volto quase sempre depois das 23 horas. Mas minha energia tende a se manter em alta, sempre. E estou sempre inteira. Fico fisicamente cansada, como toda gente que atravessa a cidade de São Paulo – horas no trânsito, atenção redobrada pelo receio da violência –, mas cuidar, trabalhar, fazer algo pelo outro e permanecer disponível para ser transformada nunca me cansa. Claro, em alguns dias não estou a fim de me abrir. Nesses dias, em que alguma questão pessoal se impõe, sou a primeira a reconhecer os sinais e fecho a agenda. Se não posso estar *presente* junto ao outro, se preciso de momentos para me conectar comigo mesma, fico em paz com essa decisão. Faço terapia, meditação, arte e poesia: qualquer atividade que possa me conectar com a essência do que sou me ensina e me traz a plena certeza de que o mundo gira apesar de eu não estar empurrando. Esse é um desafio para o cuidador, que pensa que as coisas só darão certo se ele estiver controlando. Essas pessoas, quando se aproximam da morte, sentem que a vida lhes deve alguma coisa.

A questão do trabalho permeia essa crise, mas por quê, afinal? Quanto tempo de nossa vida passamos no trabalho? A maior parte de nós passa pelo menos oito horas trabalhando, cerca de 30% do nosso tempo, sem falar do tempo em que buscamos atividades para tentar melhorar o desempenho no trabalho. Meditamos para ter mais atenção, fazemos mais exercícios físicos para nos sentirmos melhor, e tudo isso para trabalhar mais. O caminho pode estar certo, mas o motivo para percorrê-lo pode estar errado.

Fazer o bem para ser feliz na vida é diferente de fazer o bem para se dar bem no trabalho. Se escolhemos o autocuidado não pelo prazer de receber uma massagem, mas para não ter dor nas costas e, assim, poder trabalhar melhor no dia seguinte, então talvez haja algo errado com nossos motivos. Pessoas que orientam sua vida para o trabalho se arrependem, principalmente se o motor for o câncer da humanidade: o medo. Medo de não ter dinheiro, medo de faltar estudo para os filhos, medo de não ter onde morar. Essas pessoas se amparam na velha justificativa: "Eu tenho que trabalhar." E seguem em frente, acreditando que estão ajudando alguém que não pediu aquela ajuda. E aí, como vão fazer quando o muro surgir diante delas?

Imagino que no meu muro haverá um espelho que me obrigará a olhar dentro dos meus olhos e me perguntará: "E aí, como é que você chegou aqui?" Terei que explicar o caminho para mim mesma. Não precisarei explicar para meu filho, para meus pais, para meus amigos. Não precisarei explicar para meu chefe ou para os colegas que quiseram puxar meu tapete. No final, serei eu comigo mesma, sem intermediários. Preciso compreender minha morte porque ela é minha. O muro que é a minha morte não é do meu filho, não é do meu marido, não é do meu pai, da minha mãe, do meu chefe. O caminho é meu.

A questão do trabalho pede o mesmo raciocínio. Pensar sobre isso pode mudar nossa vida antes que adoeçamos, antes que deparemos com a morte realmente. Não precisamos de muito tempo para mudar a vida. A questão do trabalho também afeta, claro, o dinheiro. Tudo o que recebemos pelo nosso trabalho tem a mesma energia que depositamos em nosso trabalho.

Há alguns anos, uma amiga enfermeira foi promovida a um cargo de chefia em um grande hospital. A única coisa que consegui dizer a ela foi: "Preste atenção no que você vai fazer com essa vida que vem chegando." Sabendo como ela era boa e de coração puro, sentia por ela – afinal, sabia que a vida que a aguardava estaria mais cheia de tristezas e problemas, apesar da conta bancária recheada. Talvez ela tivesse que gastar seu novo salário em terapia, em remédios e, mais seriamente pensando, na quimioterapia que precisou fazer dois anos depois. A energia que vem de um trabalho que não traz sentido à nossa vida é uma energia ruim, também. Com o dinheiro compraremos comida que vai estragar mais rápido, teremos um carro que vai quebrar a toda hora, entraremos para uma academia que não teremos tempo de frequentar. Compraremos roupas que não usaremos, cursos que esqueceremos. Quando observamos nossa vida e percebemos que vivemos comprando bens que não cumprem sua função de nos fazer viver melhor, pode ser que haja algo errado na origem do dinheiro. Se ganhamos uma fortuna, compramos um carro e chegamos em casa com cara de zumbis, tem algo errado.

AFINIDADES ELETIVAS

"Quem é um amigo? 'Um outro eu.'"
Zenão de Eleia

O quarto arrependimento descrito por Bronnie Ware diz respeito a passar mais tempo com os amigos.

Aí nasceu o Facebook e, com ele, a sensação de que estamos com nossos amigos.

Sou uma dessas pessoas que têm a sensação de estar perto dos amigos diante do mural do Facebook. Faço bom uso dessa ferramenta e aproveito muito qualquer tempo que posso compartilhar com pessoas tão queridas, mas distantes. Tem gente que eu amo demais, mas a vida que levo nesse período não me permite estar fisicamente próxima. Acompanho as fotos dos filhos crescendo, os momentos importantes, os gostos compartilhados de música e de poesia e, de alguma forma, me sinto parte desse universo paralelo. Em algum nível eu me encontro *de fato* com essas pessoas.

Ainda assim, penso que estar com os amigos é vital. Com eles construímos relações mais honestas e transparentes, algo que nem sempre é possível viver com a família. E é com os amigos que temos a chance de dizer "Não gostei do que você fez" e ficar bem, porque eles suportarão a crítica. Quando estamos com os amigos, queremos que nossas opções e nossos sentimentos sejam respeitados, e assim é. As pessoas da nossa família nem sempre são as mais agradáveis do mundo, com quem você anseia conviver. Contamos nos dedos aqueles que gostam de passar o Natal entre parentes. Muita gente faz isso por obrigação, sem prazer, sem alegria.

Infelizmente, teremos mais tempo livre quando adoecermos. Desejaremos a companhia dos amigos, daqueles que nos reconhecem apesar da doença, apesar do sofrimento. Queremos nos reconhecer nos olhos deles, porque nesse olhar reencontramos nossa história, nossa importância no mundo. Estar com os amigos muitas vezes faz com que experimentemos o estado de presença de um jeito alegre e agradável. Na proximidade da morte, o arrependimento por não ter dedicado mais tempo a eles bate forte.

Arrependidos, pensamos que tivemos tempo livre a vida inteira, mas na verdade não tivemos.

Alguns arrependimentos são puro desperdício de tempo no fim da vida; não faz nenhum sentido que sejam causa de sofrimento. Muitas vezes, escolhemos um caminho que não sabíamos que seria ruim. Agora sabemos e nos arrependemos. É como jogar na Mega--Sena e dizer: "Eu joguei no 44 e deu 45. O que me passou pela cabeça para não ter jogado no 45?!" A verdade simples é que não jogamos no 45 porque achamos que fosse dar o 44! Não é justo nos condenarmos por ações passadas baseando-nos no conhecimento que temos agora. Quando começa o drama do "eu deveria" ou do "eu poderia", é a hora de pegar o espelho e dizer: "Não faça essa sacanagem com você mesmo." Tomamos uma decisão lúcida com base nos elementos que tínhamos à nossa disposição. Talvez possamos dizer: "Se eu soubesse que ia dar errado, teria feito diferente." Mas não sabíamos, não havia como saber.

Estar realmente presente em cada decisão da nossa vida, em pensamentos, sentimentos, voz e atitude, pode evitar alguns desses arrependimentos, mas, naquela ocasião, tomamos a decisão que achamos melhor *no momento*.

FAZER-SE FELIZ

"Ninguém pode nos fazer infelizes, apenas nós mesmos."

São João Crisóstomo

O último arrependimento, que no meu entender sintetiza todos os outros, é: "Eu deveria ter feito de mim mesmo uma pessoa mais feliz." Quando falamos do estado de felicidade, muitas pessoas pensam que se trata apenas de alegria e prazer. Mas o estado pleno de felicidade é muitas vezes alcançado depois de um momento muito difícil da vida que foi superado; momentos importantes e tensos pelos quais passamos com sangue, suor e lágrimas, mas dos quais saímos inteiros. Cobertos de cicatrizes, mas sobreviventes. Melhores, mais fortes do que antes. Isso nos traz um estado de felicidade plena.

Fazer de si mesmo uma pessoa mais feliz tem relação com ajudar quem está morrendo. É olhar para essa pessoa de modo inteiro e perceber-se como igual, pois também estamos morrendo. Quando ajudamos uma pessoa, estamos presentes ao lado dela, não *dentro* dela. Quando só conseguimos estar no nosso sofrimento, usamos aquela pessoa para nos realizarmos. É cruel isso que estou dizendo, mas é muito verdadeiro. Fique atento se você cuida de alguém para *ser* alguém, usando aquela pessoa para dar sentido à sua escolha, seja você assistente social, enfermeiro, médico, filho, esposo. Precisamos da compaixão para permanecer no espaço sagrado da relação, do encontro.

E como se faz para não se arrepender depois? Todos sabem o caminho do arrependimento, mas como se faz para não se arrepender? Acho que não existe fórmula nem guia passo a passo, mas um livro me transformou em relação a isso: *Os quatro compromissos*, do escritor mexicano Don Miguel Ruiz.

O primeiro compromisso, sugere ele, é ser impecável no uso da palavra. A palavra tem poder de transformação e de destruição muito maior do que qualquer tratamento médico. Muito maior do que qualquer cirurgia ou remédio. E tem muito mais poder quando ganha voz. Quando colocamos nossa voz em algo em que acreditamos, a palavra passa a ter algo de nós mesmos. Não me refiro apenas às palavras boas. Às vezes é necessário dizer: "Isso que você fez não está bom!" Porém, dependendo de como dissermos, quem ouviu a crítica poderá concordar com ela ou se irritar profundamente. Se não for possível encontrar a palavra impecável, fique em silêncio. O silêncio tem tanto poder quanto a palavra. Quando estou muito irritada, prefiro ficar quieta. E se alguém pergunta: "Você não vai dizer nada?", respondo, atenta: "Não tenho nada de bom para dizer neste momento." Posso garantir que não há como vencer um silêncio desse tamanho. É um silêncio cheio de palavras que não devem ser ditas, que ninguém quer dizer. É o extintor de incêndio mais apropriado para esse tipo de fogo. Para apagar um fogo na floresta é preciso água; fogo de eletricidade pede espuma e fogo de palavras exige silêncio.

Segundo compromisso: não tire conclusões precipitadas. Encontro você na rua e não cumprimento. Você pode pensar: "Será que falei alguma coisa que não devia no nosso último encontro?" As maiores brigas começam com as palavras: "Eu achei que você, eu pensei que você..." Essa rede de conclusões exclui os demais personagens da história, ao mesmo tempo que nos envolve e sufoca. As pessoas à nossa volta tornam-se simples personagens de histórias malucas que construímos em nossa mente, tantas vezes perversa. O caminho mais simples seria dizer assim: "Ana, por que você não me cumprimentou ontem?" E eu posso dar uma resposta impensável para uma mente perversa: "Olhe, desculpe, estava tão distraída, tão atrasada... Não vi você!" Tudo pode ser mais simples do que imaginamos.

O terceiro compromisso é: "Não leve nada para o lado pessoal." Isso é bem difícil. Uma pessoa com baixa autoestima acredita que todos a acham péssima. Os outros estão simplesmente vivendo a própria vida, mas ela imagina que só se ocupam de pensar que ela não é importante. A baixa autoestima é um jeito torto de ser egocêntrico. Não somos tão especiais a ponto de todos pensarem que não somos bons o suficiente. O mundo não está girando em torno do nosso umbigo, ou apesar dele. O contrário também é verdadeiro: receber elogios não deve ser levado para o lado pessoal. Se alguém nos acha importantes e interessantes, isso não necessariamente tem a ver conosco. Tem a ver com aquela chave que temos e que abre a porta de bem-estar da pessoa que elogia. Simples assim, de novo. Tirar conclusões e levar qualquer coisa, boa ou ruim, para o lado pessoal faz com que muitas vezes tomemos decisões erradas, que nos levarão ao arrependimento.

"Fazer o seu melhor" é o quarto compromisso. Às vezes nosso melhor é estar de mau humor, não sair de casa ou ficarmos zangados. Com meus filhos, com meus amigos, com meu amor, se tenho um dia difícil chego em casa e aviso: hoje não estou bem. Misteriosamente, a louça surge lavada, meu café fica pronto, aparece um chá, alguém põe a minha música favorita para tocar. Ganho sorrisos e carinhos. É mágico perceber como estamos e avisar ao outro.

Há alguns anos coordenei uma equipe de assistência domiciliar. Propus uma rotina diferente: quando as pessoas chegavam ao trabalho, tinham de escolher um sinal que mostrasse como se sentiam naquele dia. Esse sinal era colocado no crachá ou no mural de avisos internos que tinha o nome de todos os funcionários. Era um código de cores: verde, amarelo ou vermelho. O verde era para quando estava tudo bem, o amarelo era para o estado "mais ou menos" e o vermelho era para o dia em que o "mar não estava para peixe". Sou de um bom humor insuportável, mas também tenho meus dias difíceis. Quando escolhia o vermelho, sabia que aquele gesto simples podia fazer com que meu dia transcorresse de um jeito diferente. Alguém passava pela minha mesa, sorria timidamente e podia dizer: "Queria falar uma coisa hoje com você, mas talvez amanhã seja melhor." Apareciam bilhetinhos carinhosos, um café, um chá. Meios sorrisos, acenos a distância. Era mágico. E podíamos mudar os sinais ao longo do dia. Não era preciso condenar a um desfecho ruim um dia que começasse ruim. E era muito raro alguém passar o dia inteiro com a carinha vermelha. Quando eu escolhia o sinal, assumia que o motivo era meu. Fazer o seu melhor é prestar atenção em quão bem estamos, para assim fazer o melhor. Quando estamos muito mal, melhor não fazer, se calar ou avisar que não estamos bem.

Entender que tudo o que fizemos, certo ou errado, foi tentando acertar é algo que melhora nossa vida – e o final dela. Estávamos dando o nosso melhor. Hoje podemos pensar que poderíamos ter feito diferente, ter seguido outro caminho, mas naquele momento demos o nosso melhor.

Talvez o jeito mais fácil de viver bem seria incorporar no nosso dia estas cinco nuances da existência: demonstrar afeto, permitir-se estar com os amigos, fazer-se feliz, fazer as próprias escolhas, trabalhar com algo que faça sentido no seu tempo de vida, e não só no tempo de trabalhar. Sem arrependimentos.

"Já posso partir! Que meus irmãos se despeçam de mim! Saudações a todos vocês; começo minha partida.
Devolvo aqui as chaves da porta e abro mão de meus direitos na casa. Palavras de bondade é o que peço a vocês, por último.
Estivemos juntos tanto tempo, mas recebi mais do que pude dar. Eis que o dia clareou e a lâmpada que iluminava o meu canto escuro se apagou.
A ordem chegou e estou pronto para a minha viagem."

Rabindranath Tagore

AS NOSSAS MORTES DE CADA DIA

"Tudo deve estar sendo o que é."
Clarice Lispector

Passamos a vida tentando aprender a ganhar. Buscamos cursos, livros, milhares de técnicas sobre como conquistar bens, pessoas, benefícios, vantagens. Sobre a arte de ganhar existem muitas lições, mas e sobre a arte de perder? Ninguém quer falar a respeito disso, mas a verdade é que passamos muito tempo da nossa vida em grande sofrimento quando perdemos bens, pessoas, realidades, sonhos. Temos mil razões para sonhar, mas quando perdemos nossos sonhos não deveríamos perder a razão. Vivemos buscando discursos que nos mostrem como ganhar: como conquistar o amor da nossa vida, o trabalho da nossa vida. Acredito, porém, que ninguém se inscreveria num curso que se chamasse: "Como perder bem" ou "Como perder melhor na vida".

No entanto, saber perder é a arte de quem conseguiu viver plenamente o que ganhou um dia.

Cada perda existencial, cada morte simbólica, seja de uma relação, de um trabalho, de uma realidade que conhecemos, busca pelo menos três padrões de sentido. O primeiro diz respeito ao perdão, a si mesmo e ao outro. O segundo é saber que o que foi vivido de bom naquela realidade não será esquecido. O terceiro é a certeza de que fizemos a diferença naquele tempo que termina para a nossa história, deixando um legado, uma marca que transformou aquela pessoa ou aquela realidade que agora ficará fora da sua vida.

Aceitar a perda tem uma função vital na nossa vida que continua.

Sem a certeza do fim, sem a certeza de que algo acabou, é difícil partir para outro projeto, para outra relação, para outro emprego. Ficamos presos em um limbo do "deveria", do "poderia". Ficamos encalhados no "E se?". É como se parássemos nossa vida entre a expiração e a inspiração: o ar já saiu dos nossos pulmões, mas não deixamos entrar ar novo por nos prendermos ao último suspiro.

Esse "intervalo" é o que mais tememos na vida, e do que mais fugimos. Quando terminamos um relacionamento, mas não aceitamos que acabou, ficamos no intervalo. Viramos zumbis afetivos. As relações morrem, mas tentamos mantê-las vivas. Muitas relações apodrecem dentro de nós e contaminam todas as outras. Entendemos que é muito mais difícil vivenciar a perda do que comparecer ao velório dela, mas superar a perda é muito mais fácil do que ficar no ar irrespirável da putrefação afetiva.

Essas perdas simbólicas podem ser mortes mais difíceis de lidar do que a morte real. Na morte real não tem discussão. Porém, a morte simbólica ou a morte de uma relação, de um trabalho, de uma carreira às vezes deixa a impressão de que não foi realmente morte – há algo vivo, ainda. E alucinamos acreditando que alguma coisa poderá ressuscitar aquela relação, aquela carreira, aquela realidade. Esse momento de se certificar de que a morte está acontecendo é também um muro, o muro daquela relação, daquele trabalho, daquele momento, daquela fase da vida. Chegamos ao muro e não dá para pular ou dar a volta; é preciso olhar e reconhecer que existe essa morte, esse fim.

Só conseguiremos passar para a próxima etapa se tivermos uma destas três confirmações: de que perdoamos, de que deixamos nossa marca ou de que levamos a história conosco, tirando dela os aprendizados possíveis. Percebo isso na condução de processos de luto que não estão relacionados com a morte em si. Primeiro nos perguntamos se há algo de que nos arrependemos, algo que contribuiu para aquela morte. Ter dito o que não devia ou deixado de falar o que devia. Se a resposta for sim, nos sentimos responsáveis pela construção daquela morte. Então existe um arrependimento.

O segundo ponto é se não seremos esquecidos. Isso acontece especialmente com ex-mulheres e ex-maridos. Alguns fazem de tudo para se tornarem eternamente presentes; não querem ser esquecidos de jeito nenhum. Mas deixam marcas profundas de ódio e vingança, apenas.

Seria libertador caso se fizessem lembrar não pelo mal, mas sim pelo bem que causaram.

O terceiro ponto pode ser uma experiência de imortalidade. Seguimos em frente, mas deixamos algo de nossa essência, de nossa história, naquele tempo, naquele ambiente, naquela pessoa que sai da nossa vida.

Vamos falar sobre o fim de uma relação de trabalho. A morte pode ser boa dependendo de quem decidiu sobre ela. Quando pedimos demissão, o fim é mais tranquilo. Encaramos o muro, entendemos que aquela etapa se encerrou e já buscamos outros horizontes: um ano sabático, uma nova área de atuação, um novo cargo que traga mais dinheiro ou mais poder. Esse trabalho vai morrer com data e hora marcadas, tudo está sob controle. Se somos dispensados, a dor é maior, e a questão é como vivenciar aquilo que foi terminado à revelia do nosso desejo.

A dor maior sobrevém quando voltamos a atenção para o nosso umbigo e nos damos conta de que o mundo não está girando em torno dele. A melhor forma de continuarmos vivos, apesar dessas mortes que vão acontecendo ao longo da vida, é estar presente nelas. Se vivemos plenamente o amor, então ele pode ir embora. Se vivemos tudo o que aquela relação poderia dar, então estamos livres. Nada nos prende, não há pendências. É a entrega total à experiência que permite o desapego. Entramos naquela relação, naquele trabalho, naquela realidade com o melhor de nós; a gente se transforma, se entrega àquele encontro, e uma hora ele acabou. Seguimos nosso caminho levando o que aprendemos, e é isso que fará com que possamos entrar em outra relação, em outro emprego, em outra carreira, em outro sonho de vida.

A busca pelo controle da situação impede a experiência da entrega. Quando isso não acontece, não conseguimos nos transformar e empacamos nesse nó do tempo não vivido, nesse entrave do encontro que deveria ser para sempre. E o encontro que deveria ser para sempre na verdade nunca aconteceu. O trabalho que deveria ser para sempre nunca fez ninguém feliz no presente. A carreira que deveria ser para sempre nunca teve potencial para deixar um legado. Tudo o que desejamos que seja para sempre corre o risco de não nos fazer feliz hoje só porque acreditamos que nos fará felizes no futuro. Estamos sempre construindo, sempre em reformas, pensando no futuro. Quando a empresa for nossa, tudo será diferente. Namoramos uma pessoa que não nos faz bem agora, mas quando casarmos será diferente. Quando tivermos um filho será diferente. Vivemos pensando que o diferente não vai acontecer agora, e aí, quando acontece a morte, morrem o presente *e o futuro*.

A morte de um passado está no arrependimento de ter desperdiçado tempo de vida com escolhas ruins. Conseguiremos lidar bem com a morte no dia a dia se pararmos de viver felizes somente no futuro. Se eu for demitida hoje, o que vivi no meu trabalho valeu a pena? Se eu olho para trás e digo: "Nossa, que horror! O que eu sofri! Casamento, trabalho... Foram anos da minha vida que eu dei para aquilo! Não me reconheceram! Olha o que fizeram comigo! Eu não devia, eu não devia, eu não devia!", mato meu tempo de vida. Destruo anos da minha vida. A última impressão é a que fica, não a primeira. Conhecemos a pessoa mais incrível da nossa vida, nos casamos com ela, mas depois ela nos decepciona muito. Então a pessoa se torna irreconhecível para nós, um monstro. A impressão que fica é somente a última.

O que aconteceu no intervalo entre ser incrível e tornar-se um monstro? Será que tudo não passou de um engano a que fomos levados por nossas conclusões e nossa inabilidade de afastar o lado pessoal? Será que fomos impecáveis com a nossa palavra ou será que usamos palavras capazes de transformar qualquer anjo em diabo? Será que oferecemos o nosso melhor e soubemos aceitar o melhor do outro, mesmo que não preenchesse nossas expectativas? Como esse encontro nos transformou? Quem somos depois dessa experiência? É esse o legado de que falo. Se terminamos uma relação jogando fora todo o tempo que passamos com aquela pessoa, escolhemos destruir parte da nossa vida. Esse é o grande dilema de todos nós que vivemos perdas simbólicas.

A expectativa da perda, mesmo que ela não ocorra, ou a experiência da perda só se tornará menos dolorosa se ao longo dela nos entregarmos, nos transformarmos e, se possível, tivermos a oportunidade de transformar o outro. Por isso é preciso pensar muito bem antes de começar relações e torná-las definitivas. Principalmente porque nada é definitivo, exceto a experiência já vivida. Nenhuma relação, nenhum emprego, nenhuma escolha – nada é definitivo. Tudo terminará. Se bem ou mal, vai depender de como vivemos cada um desses processos. Se terminar mal, dá mais trabalho recomeçar.

O primeiro passo para aprendermos a perder é aceitarmos que perdemos. Se acabou, acabou. Não existe prorrogação eterna. A honestidade de encarar o fim é algo que aperfeiçoamos ao longo da vida; nós nos preparamos para aprender a ver a verdade. Não me refiro a aprender a ver um novo começo, mas a ver a verdade de uma forma amorosa, sem raiva. E, para sermos amorosos com alguém que nos traiu, com um chefe que nos humilhou, com um emprego que faz as pessoas viverem mal, é preciso primeiro ter compaixão por nós mesmos. Entender que, se tomamos aquela atitude, se fizemos aquela escolha, se decidimos estar ao lado daquela pessoa tóxica, foi porque, naquele momento, era o que podíamos ver.

Então, antes de ficar com ódio da pessoa que nos fez mal, tenhamos compaixão de nós mesmos por ter vivido essa história. De alguma forma, ela pode nos transformar em alguém melhor, não em alguém mais amargo, mais infeliz, mais inválido para outras relações ou para outro trabalho. Não busquemos a invalidez emocional.

Quando falo de morte real não aceita, temos o luto complicado. Mas quando se trata de pequenas mortes não aceitas, o resultado é a invalidez. Ficamos inválidos para relações novas, para trabalhos novos, para projetos novos porque nos destruímos junto com o desfecho da história anterior. Escolhemos ser vítimas. Não deveríamos.

Quando nos tornamos vítimas naquele processo do fim, quando fazemos escolhas baseadas em motivos errados, um fim doloroso é praticamente certo. Se escolhemos determinados caminhos para agradar ao outro, se fizemos algo apenas para nos sentirmos amados e aceitos, então entramos em uma guerra quando o fim se aproxima. Existe uma guerra pelo poder, que passa por sermos reconhecidos em nosso "sacrifício". Muitas vezes, entramos em uma fria afetiva ou em uma fria de trabalho porque acreditamos quando nos disseram "Sem você esse projeto não daria certo" ou "Preciso de você para viver" ou "Você é superimportante". Nosso Ego foi lá para cima, provavelmente começando uma história de profundo fracasso que, logo ao virar a esquina, nos empurrará para o abismo.

Sabemos que estamos diante do abismo e assim mesmo decidimos dar um passo à frente. Quantas vezes não fizemos isso na vida? Estamos vendo que o barco vai afundar, queremos sair, mas aí tem aquela falsa força... "Não, agora eu sou o capitão", dizemos a nós mesmos. "Agora vai dar certo, agora sou eu que estou no comando"; "Essa relação depende de mim para funcionar"; "Essa família depende de mim e eu vou fazer funcionar"... Só que transformamos as pessoas em simples personagens da nossa história. Personagens que colocamos ali esperando que se comportem do jeito que planejamos. "Você não está bem aqui, então vou transferir você para ali", dizemos mentalmente. Muitas vezes os fracassos, sobretudo os afetivos, vão nessa linha. Construímos um espaço para a pessoa fazer algo que vai nos machucar. Muitas vezes repetimos o mesmo padrão para validar uma ideia que, acreditamos, vai funcionar. Então, voltamos ao fundo do poço, porque pode ser ali o lugar mais conhecido e seguro de viver.

O grande desafio é viver algo que dá certo. A posição de vítima é sempre muito perigosa, porque não nos oferece a possibilidade de superar a dor. A questão não é assumir a culpa pelo mal que nos fizeram. A questão é: "Fui maltratada, fui humilhada. O que EU vou fazer com isso?" Afinal, o processo já aconteceu. Vingança e mágoa não curam. Nada do que acontecer mudará a nossa experiência. A escolha do que fazer com essa experiência é o grande poder. Esse é o nosso verdadeiro controle.

O livre-arbítrio não tem a ver com o que escolhemos para a vida. Ninguém escolheu conscientemente ter câncer ou demência; ninguém escolheu conscientemente morrer em um acidente de carro. Existe a crença de que escolhemos a vida que temos, bem como nosso pai, nossa mãe, nossas histórias. Mas o que temos, de fato, ao nosso alcance é a forma de viver essas experiências. Se alguém que amamos morre, essa pessoa não vai reviver porque ficamos zen ou porque estamos revoltados. A experiência acontece e pronto. A pessoa continua a fazer parte da nossa vida por causa de tudo o que vivemos com ela. Ela já é parte da nossa vida, sempre será.

De uma forma ou de outra, teremos que atravessar o espaço de transição, de intervalo. Aqueles que não se entregam a esse processo da perda não se renovam para o próximo passo. É como se ficassem presos no canal de parto. Saíram de um lugar, mas se recusam a chegar a outro. Estacionam na perda.

As pequenas mortes talvez sejam as mais dramáticas porque continuamos plenamente conscientes do que está acontecendo depois que acontecem. Entregar-se a essa dor é o melhor jeito de deixá-la ir embora. Terminou uma relação? Viva o luto da relação. Foi demitido? Viva o luto dessa perda. Viva, experimente essa dor, não fuja, não minimize covardemente aquilo que foi vivido. Se foi uma experiência de 25 anos de casamento, 30 anos de relação, 30 anos de emprego, não podemos simplesmente assassinar todo esse tempo. Quando entramos em uma história nova, a melhor forma de vivê-la é pensar que vai acabar. É preciso vivê-la intensamente para que, na hora H, possamos dizer: "Valeu muito a pena! Deixei um legado, transformei... Não serei esquecido, entrei para ganhar, entrei nesse emprego para dar o meu melhor, entrei nessa relação para dar o meu melhor."

O que tem que vir conosco das histórias passadas é a transformação que elas nos proporcionaram. Não levemos a história, e sim o produto da história... E a história só terá um produto se tiver mesmo havido um encontro, se realmente mergulhamos nela por inteiro.

É muito mais fácil elaborar o luto de um grande amor do que o de uma relação de guerra. Os lutos mais complicados vêm das relações ambíguas, onde havia amor e ódio; restam muitas arestas. Quando existe amor, a morte vem, mas não mata o amor. O amor não morre. Quando, porém, se trata de uma história de trabalho trágica, em que puxamos o tapete de muita gente, em que passamos noites e noites maldormidas por causa de um projeto de que não gostávamos, o luto é muito mais caro, porque você deixou ali coisas muito valiosas: seu caráter, seu nome, sua sensibilidade, sua qualidade de vida... Quando nos mandam embora, pensamos: "Paguei um preço muito alto por esses anos todos." Agora, quando perdemos um trabalho que adorávamos, que nos transformou, onde crescemos, onde alimentamos sonhos... claro que dói, mas sabemos: "Valeu a pena por tudo o que eu aprendi!" É algo que nos projeta para um mundo verdadeiro e muito mais intenso do que aquele em que estávamos vivendo.

O processo mais amoroso
de recuperação é aquele
que diz respeito a nós mesmos.
Tudo o que é possível fazer
é amorosidade pura quando
estamos disponíveis
para renascer.

PODEMOS ESCOLHER COMO MORRER: CONSIDERAÇÕES SOBRE DIRETIVAS ANTECIPADAS DE VONTADE E TESTAMENTO VITAL

> *"'Qual é a coisa mais assombrosa do mundo, Yudhisthira?' E Yudhisthira respondeu, 'A coisa mais assombrosa do mundo é que, ao redor de nós, as pessoas podem estar morrendo e não percebemos que isso pode acontecer conosco'."*
> Mahabharata

A conversa sobre a morte entre um médico e seu paciente nunca será um momento fácil. Não é raro que essa conversa nem sequer aconteça, mesmo que o paciente tenha uma doença muito grave. Por trabalhar com Cuidados Paliativos há muitos anos, acabei desenvolvendo minhas técnicas para abordar o tema com meus pacientes e suas famílias. Mais: decidi criar um documento para uso no meu dia a dia. Eu e um bom amigo advogado, que estuda muito sobre ortotanásia, construímos um documento com diretivas antecipadas de vontade ou testamento vital.

Existe uma diferença conceitual entre essas duas formas de apresentar a vontade de uma pessoa diante de sua terminalidade, seus desejos sobre o que deve ser feito quando ela estiver numa condição que a torne incapaz de expressar seus pensamentos, sentimentos e percepções sobre a realidade que vive.

Enquanto as diretivas podem ser compostas apenas por determinações vinculadas aos cuidados de saúde, o testamento pode conter informações sobre como deverá ser o funeral, sobre doação de órgãos e outros cuidados com o corpo quando houver ausência de consciência.

Algo realmente na linha do conceito de testamento – que expressa a vontade de alguém após a sua morte "biológica" –, o testamento vital expressa a vontade da pessoa quando diante da sua morte "social". Quando comecei a conduzir essas conversas no consultório, percebi que o tema era bem-vindo se adequadamente abordado ao longo de duas ou três consultas.

A primeira conversa é um momento solene; não pode ser tratada como algo corriqueiro. Quando instituímos essa prática dentro de uma grande instituição para idosos, propusemos quatro novas perguntas na entrevista inicial do morador. Essa entrevista inicial tinha dezenove páginas. No entanto, era muito comum ver que todas as perguntas estavam respondidas, exceto aquelas quatro, que eram simplesmente ignoradas. Os primeiros a questionar as tais perguntas foram os próprios geriatras: "O que o idoso vai pensar se a gente perguntar isso a ele?" Decidiram, então, introduzir as questões no meio de outras mais simples, sobre atualização das vacinas e histórico de saúde.

O resultado foi mais ou menos assim: "O senhor está com as vacinas em dia? Já foi operado alguma vez? Fuma? Bebe? Já ficou internado? Se tiver uma parada cardíaca, o senhor quer ser reanimado?"

Ficou até engraçado, pois era como se falássemos sobre um elefante branco no meio da sala fingindo ser uma mosca na janela. Claro que isso demorou muito tempo para se resolver e, ainda assim, as perguntas ficavam simplesmente sem resposta, até que a gerente da instituição decidiu fazer uma palestra aberta para os moradores e seus familiares. O tema era a Finitude Humana. Foi minha primeira palestra para leigos. Confesso que foi um dos momentos mais incríveis da minha história: ser cumprimentada por dezenas de idosos agradecendo minha coragem de falar tão claramente sobre algo que eles estavam precisando tanto ouvir. Dali em diante, as perguntas foram feitas e respondidas.

Essa conversa a respeito de diretivas antecipadas, sobre o que queremos ou não para o final da nossa vida, deveria acontecer primeiro entre os nossos familiares, na hora do jantar ou do almoço de domingo. Para nossa segurança e de nossos familiares mais idosos ou adoecidos, convém que essa conversa ocorra em um momento em que não exista atividade nem progressão de doença. Deve acontecer na convivência, quase em um contexto filosófico; um "papo cabeça", como se diria antigamente.

Muitas vezes, o médico que já trabalha com Cuidados Paliativos não é aquele que terá a oportunidade de falar disso pela primeira vez. Essa abordagem inicial deveria ser feita por um clínico, pelo geriatra ou por qualquer outro médico que esteja pronto para fazer o diagnóstico de uma doença grave e incurável. Mas os médicos não recebem nenhum treinamento na faculdade para conversar sobre esses assuntos. Sabem falar sobre doenças, mas não sabem falar com os doentes sobre o sofrimento deles. Só se aprende a conversar sobre morte e finitude quando se faz a especialização em Cuidados Paliativos. Isso significa que 99% dos médicos não sabem fazer isso porque 99% dos médicos não vão fazer treinamento em Cuidados Paliativos. E, mesmo que eles quisessem, ainda não há vagas suficientes no Brasil para dar amparo e orientação a todo esse povo que não tem a mínima ideia do que significa cuidar do bem-morrer.

Penso que, se a sociedade se mobilizar para deixar clara qual é a sua vontade – e me refiro inclusive a deixar esse ponto *culturalmente* mais claro, mais lúcido dentro da vida de cada um –, talvez no futuro seja mais simples oferecer cuidados para preservar a dignidade da vida da pessoa que está morrendo.

Quero deixar aqui um panorama histórico sobre o momento em que estamos no Brasil no que diz respeito aos Cuidados Paliativos. Nosso país é um dos que oferecem mais respaldo legal e ético para se fazer a boa prática de Cuidados Paliativos no planeta. Temos o único código de ética médica em que está escrito "Cuidados Paliativos" com todas as letras. Temos uma Constituição Federal que favorece essa prática. Temos direito à Dignidade da Vida. Já tive essa conversa delicada com meus pacientes em Cuidados Paliativos e seus familiares, que estão cientes da vontade de seu ente querido. Descrevo toda a conversa no prontuário, ofereço o documento para leitura e os deixo à vontade para assinarem comigo. Na prescrição médica deixo claro para a equipe assistencial e para outros colegas médicos: "Paciente tem permissão para a morte natural."

Quando escrevo no prontuário do paciente que estou fazendo tudo isso para a dignidade da vida, estou praticando a Constituição brasileira. Posso ser processada? Todos podemos ser processados. Mas a chance de ser condenada é extremamente pequena, pois a base de toda conduta médica é a comunicação. Respeitarei a autonomia do meu paciente, cuidarei com grande responsabilidade para que seu sofrimento seja minimizado. Deixo claro que não pratico eutanásia. A morte chegará, será aceita, mas não antecipada.

Nosso código cível diz que ninguém pode ser submetido a tortura. Manter o paciente na UTI sem nenhuma possibilidade de sair vivo de lá é tortura. Fazer um tratamento fútil e doloroso é tortura.

Também é comum que quem faz Cuidados Paliativos tenha medo de ser processado por homicídio. Entendo homicídio como uma situação em que, se não tivesse ocorrido o crime, a pessoa estaria viva. Não é o caso do paciente em terminalidade de doença grave e fatal. A doença vai matá-lo, não os cuidados para minimizar seu sofrimento. Ainda não temos leis que obriguem alguém a estar vivo eternamente. Doenças matam e não serão processadas por isso.

Quando oferecemos Cuidados Paliativos de verdade, não estamos promovendo a morte do paciente. É totalmente diferente da eutanásia.

No dia a dia dos hospitais brasileiros, ainda existe a má prática dessa assistência. Já que os médicos não sabem como cuidar, acabam indicando a sedação paliativa para quase todos os pacientes que estão em sofrimento por causa da terminalidade. Uma grande luta dos profissionais de Cuidados Paliativos é indicar a sedação paliativa exclusivamente para condições nas quais o sofrimento seja refratário ao tratamento recomendado. O que acontece hoje é que se indica a sedação paliativa para o sofrimento refratário ao conhecimento do médico que está cuidando do paciente. O médico não sabe cuidar, não sabe medicar a dor, a falta de ar. Não sabe trabalhar em equipe para que o sofrimento existencial e espiritual do paciente seja adequadamente avaliado e aliviado. Como consequência dessa falta de conhecimento e habilidades, o médico indica a sedação porque não conseguiria conduzir o processo de morte de seu paciente de outra forma.

Existe hoje um excesso de indicação de sedação paliativa, mas sempre tardia. A pessoa sofre absurdos durante muito tempo e, às vésperas de falecer, recebe a sedação como se fosse um ato derradeiro de compaixão.

Eutanásia e suicídio assistido são proibidos no Brasil. Já fui chamada muitas vezes para mesas de discussão em congressos como uma defensora dessas práticas, mas isso é totalmente avesso aos Cuidados Paliativos. Pessoalmente, acredito que sejam práticas extremamente elaboradas e complexas, impossíveis de serem executadas em um país tão imaturo até em relação a conversar sobre a morte. Não faço e não defendo, pois dentro dos Cuidados Paliativos não existe espaço para a eutanásia. Acompanho o paciente até que a morte dele chegue. E a morte chega no momento certo. Não tenho o direito de antecipar e muito menos de atrasar esse processo. Até hoje, poucas pessoas me pediram para abreviar o sofrimento. E, na maioria dos casos, quando o sofrimento foi aliviado, não persistiram no pedido de abreviar a vida. Viveram mais, viveram bem dentro do possível, viveram e morreram com seu sofrimento cuidado, dignamente.

O documento do testamento vital que uso no consultório tem quatro partes importantes. No cabeçalho, listo todos os números dos parágrafos da Constituição, das leis e das resoluções do Conselho Federal de Medicina. Como já comentei, o Brasil é um país que favorece a boa prática da autonomia de vontade, e deixei isso bem claro nesse documento. Na segunda parte, falamos sobre a escolha dos "procuradores de vida", pessoas que o paciente escolhe como seus representantes de vontade. Não precisa ser necessariamente um representante legal, pois aqui prevalece a escolha do paciente: ele designa pessoas que o conheçam, que tenham intimidade com ele a ponto de saber como toma decisões e quais são as suas prioridades.

A vontade do paciente deve estar documentada no prontuário médico. É preciso deixar claro que não há sinais de depressão, que não existe nenhum déficit cognitivo que afete o processo de decisão nessas diretivas, tampouco pressões emocionais. Existem estudos em andamento em nosso país a respeito de diretivas para pacientes portadores de demência, mas ainda não temos dados suficientes para pô-los em prática. Nesses casos, prevalece o consenso da família em relação aos cuidados no fim da vida. O maior desafio dos geriatras é abordar o diagnóstico de demência com seus pacientes em um momento no qual eles ainda possam compreender e ter juízo crítico sobre suas decisões futuras. Pouco se fala de verdade em relação ao diagnóstico de câncer em idosos; é possível imaginar, então, o tamanho do silêncio sobre o diagnóstico de demência.

Outro aspecto fundamental a esclarecer: as diretivas valem apenas para a situação em que a pessoa padece de alguma enfermidade manifestamente incurável, que cause sofrimento ou a torne incapaz de uma vida racional e autônoma. Então ela pode fazer constar, com base no princípio da dignidade da pessoa humana e da autonomia da vontade, que aceita a terminalidade da vida e repudia qualquer intervenção extraordinária e fútil. Em outras palavras: qualquer ação médica que resulte em benefícios nulos ou demasiadamente pequenos, que não superem seus potenciais malefícios.

Minha principal recomendação diante da vontade de fazer um documento como esse é que ele seja preenchido junto do médico do paciente. Não há como decidir sobre intervenções médicas sem um profissional explicando detalhadamente o que significa cada um dos termos utilizados. Fazer um documento desse porte sem a orientação adequada é como escolher um prato em um cardápio escrito em chinês. Sem tradutor, talvez você peça carne de cachorro achando que se trata de alcachofras.

Na última parte do documento, a pessoa deve descrever como quer ser cuidada, abordando aspectos do dia a dia, como banho, troca de fraldas, ambiente e, finalmente, cuidados com seu funeral. Doação de órgãos, desejo de cremação e não realização de velório também são descritos nesse ponto.

O melhor jeito de nos sentirmos seguros em relação aos cuidados e limites de intervenção no final da vida é conversando sobre isso em algum momento durante a nossa vida com saúde. Quando se está doente, essa conversa, embora necessária, fica bem mais delicada.

A VIDA DEPOIS DA MORTE: O TEMPO DO LUTO

"De repente você sumiu de todas as vidas que você marcou."
Neil Peart

"O que você viveu" não é tão importante quanto pensar em "como" você viveu ou "para que" você viveu. Um dos aprendizados mais fortes nesse meu trabalho cuidando de pessoas em sua terminalidade é justamente não responder a um "porquê", mas a um "para quê". O "porquê" evoca os motivos passados e o "para quê" nos lança para o futuro. Para que vivemos isso? Passar por uma perda pode nos dar a percepção do tamanho do amor que fomos capazes de sentir por alguém, de como essa pessoa pode ter sido generosa ao esperar o nosso tempo de aceitar a morte dela. Na experiência da perda, é possível que finalmente entendamos quem é Deus para nós, o que é sagrado para nós. Poderemos, enfim, saber se entendíamos a espiritualidade como algo sob nosso comando ou como algo a que nos entregamos submissamente.

As perdas que vivemos, especialmente a morte de alguém muito amado, podem ter um "para quê", mas talvez demore um bom tempo até que a resposta chegue clara. Já o "porquê" nunca terá uma resposta satisfatória, ainda que dediquemos a vida a buscá-la. Qualquer resposta que se dê a essa pergunta é sempre pequena demais diante da grandeza da experiência do luto. Não farei aqui uma nova edição de tudo o que já foi escrito sobre luto. Tentarei apresentar uma nova perspectiva sobre a experiência humana tão complexa e absoluta que é perder alguém muito importante.

A primeira coisa a dizer é que a pessoa que morre não leva consigo a história de vida que compartilhou com aqueles que conviveram com ela e para quem se tornou importante ao longo de sua vida. Não existe a possibilidade de haver uma morte absoluta, de desintegração de todas as dimensões de um ser humano cuja existência teve algum sentido na vida de outros seres humanos. Quando a morte acontece, ela só diz respeito ao corpo físico. Meu pai morreu, mas continua sendo meu pai. Tudo o que me ensinou, tudo o que me disse, tudo o que vivemos juntos continua vivo em mim. As duas únicas verdades com que preciso aprender a lidar a partir da morte dele são estas: primeiro, que ele se tornou invisível; segundo, que não teremos um futuro compartilhado na nossa relação. Haverá momentos em que pensarei nele, sentirei muita saudade e refletirei sobre os conselhos que me daria diante de dilemas que ainda virão. Mas, a depender de como eu decidir viver meu luto por sua morte, saberei encontrá-lo dentro de mim nessas experiências que ainda me aguardam.

O processo de luto se inicia com a morte de alguém que tem grande importância na nossa vida. Nem sempre o vínculo importante é feito só de amor, e quanto mais estiver contaminado de sentimentos complexos, como medo, ódio, mágoa ou culpa, mais difícil será enfrentar o processo. Quando o vínculo rompido era feito de amor genuíno, então temos muita dor, mas, ao mesmo tempo, esse amor vai nos levar pelo caminho mais breve em relação ao alívio. A dor do luto é proporcional à intensidade do amor vivido na relação que foi rompida pela morte, mas também é por meio desse amor que conseguiremos nos reconstruir. Quando cuido de um familiar enlutado em grande sofrimento, busco deixar clara a importância da decisão de valorizar o legado do ente querido. Se aquela pessoa trouxe amor, alegria, paz, crescimento, força e sentido de vida, então não é justo que tudo isso seja enterrado junto com um corpo doente. É por meio dessa percepção de valor da relação que o enlutado vai emergindo de sua dor.

Tecnicamente falando, luto é o processo que sucede o rompimento de um vínculo significativo. A experiência de perder alguém importante tira de nós a percepção que cultivamos sobre a estabilidade, sobre a segurança do nosso mundo "presumido", sobre nossa ilusão de controle. Quando perdemos definitivamente a conexão com alguém importante, alguém que para nossa vida representou um parâmetro de nós mesmos, é como se nos privássemos da capacidade de reconhecer a nós mesmos.

Ao longo da vida não recebemos nenhum tipo de educação para sermos quem somos. Quando crianças, expressamos a verdade sobre nós e sobre o que sentimos e pensamos, mas muitas vezes nossa família, nossa escola e nossa vida em sociedade fazem com que tenhamos vergonha de nossa identidade. Então precisamos da percepção dos outros para construir nossa expressão no mundo, adequada às expectativas dos que nos cercam e às expectativas que criamos dentro de nós mesmos; ou, pelo menos, tentamos ser quem o mundo à nossa volta gostaria que fôssemos.

A maior parte de nós é o que os outros fazem de nós. Somos esculpidos com base na percepção do outro. O que mais fará falta na morte de alguém importante é o olhar dessa pessoa sobre nós, pois precisamos do outro como referência de quem somos. Se a pessoa que eu amo não existe mais, como posso ser quem sou? Se preciso do outro para pensar sobre o mundo, e o outro não existe mais, como será o mundo sem ele?

Quando morre uma pessoa amada e importante, é como se fôssemos levados até a entrada de uma caverna. No dia da morte, entramos na caverna, e a saída não é pela mesma abertura por onde entramos, pois não encontraremos a mesma vida que tínhamos antes. A vida que será conhecida a partir da perda nunca será a mesma de quando a pessoa amada estava viva. Para sair dessa caverna do luto é preciso cavar a própria saída. Por isso dizemos que existe um trabalho, algo ativo, construído em direção a uma nova vida. Cavar a saída da caverna do luto demanda ação, força, esforço. E as pessoas enlutadas sentem um cansaço intenso, existencial e físico. Não é possível convocar alguém para entrar conosco nessa caverna e cavar a saída para nós. A reconstrução da nossa vida, ou seja, o reencontro com o sentido dela a partir da perda de alguém muito importante, se dá ao longo do processo de luto.

Essencialmente, o luto é um processo de profunda transformação. Há pessoas que podem transformar a nossa temporada na caverna em um período menos doloroso, mas não podem fazer o trabalho por nós.

A tarefa mais sensível do luto é restabelecer a conexão com a pessoa que morreu por meio da experiência compartilhada com ela. A revolta, o medo, a culpa e outros sentimentos que contaminam o tempo de tristeza acabam prorrogando nossa estadia na caverna e podem nos conduzir a espaços muito sombrios dentro de nós.

Durante a doença da pessoa querida, provamos uma experiência antecipada do luto, na qual é possível experimentar pensamentos sobre como será a vida sem aquela pessoa. Nesse tempo de elaboração antecipada da perda, as pessoas ao redor do paciente podem ter chances maravilhosas de curar emoções corrosivas trabalhando o perdão, a gratidão, a demonstração de afeto, o cuidado. O Amor genuíno, puro e pleno de Verdade entre dois seres deixa ir, liberta. Qualquer outro sentimento deve morrer com o corpo.

Tudo o que aprendemos com a pessoa que morreu permanece dentro de nós. No tempo de luto, se nos dedicarmos à cura da dor pela perda, conseguiremos avaliar com clareza tudo o que foi vivido e tudo o que aquela relação trouxe de positivo à nossa vida. Poderemos oscilar entre dois extremos. Essa oscilação, conhecida como processo dual do luto, foi descrita por Stroebe e Schut, autores reconhecidos no estudo dessa área. No processo dual do luto, há momentos em que estamos totalmente mergulhados na dor, no sofrimento pela morte da pessoa que amamos. No outro extremo, estamos imersos na realidade, no dia a dia, lidando com questões do cotidiano que podem ou não estar relacionadas à perda (doar as coisas da pessoa, resolver problemas burocráticos como encerrar conta de banco, telefone, inventário, etc.).

No momento extremo da dor, vem a tristeza, o choro, o desespero, a raiva. Todos esses sentimentos devem ser aceitos e experimentados. Quando me perguntam se podem chorar, eu digo: "Chore, mas chore muito, mesmo. Deixe o corpo inteiro chorar, estremeça. Grite, deite na cama e esperneie. Permita-se, abra-se a esse encontro pleno com a dor. Aceite essa condição." E é mágico como a dor passa quando aceitamos sua presença. Olhemos para a dor de frente, pois ela tem nome e sobrenome. Quando reconhecemos esse sofrimento, ele quase sempre se encolhe. Quando o negamos, ele se apodera da nossa vida inteira.

Não existe nada de errado em ficar triste, pois a tristeza é uma experiência necessária para todo processo de luto saudável. Apesar de vivermos sob uma falsa impressão de que temos a obrigação de estar sempre sorrindo e felizes, não é proibido ficar triste. Se as pessoas à nossa volta nos cobram demais a superação, entendamos que elas sofrem por nos ver sofrer. Já que não sabem estar ao nosso lado durante essa fase, e já que não sabem como reagiriam se estivessem no nosso lugar, lutam com todos os argumentos para tirar a nossa dor da frente.

A maioria das pessoas não sabe lidar com a tristeza de quem está perdendo uma pessoa importante e muito menos lidar com o sofrimento de quem acabou de perder alguém. Querem que o enlutado vá ao médico e logo comece a tomar antidepressivos. Querem abreviar o tempo da dor. Mas o uso indevido de medicação antidepressiva ou de calmantes no período de luto pode levar o enlutado a uma anestesia emocional de repercussões devastadoras. Tais substâncias evitam o sentimento de dor, mas também vedam a capacidade de sentir alegria. Tristeza não é depressão. Nesse tempo de extremos, quando a vida nos empurra ao encontro da normalidade, do cotidiano, podem acontecer momentos de alegria e satisfação. Uma conquista de outro familiar ou de outra pessoa amada, e o enlutado volta a sorrir.

O problema da nossa sociedade esquizoide é que alegria demais no tempo de luto também não é algo que "pega bem", e é comum que as pessoas enlutadas se sintam culpadas por terem motivos e vontade de sorrir no meio de um processo de luto. Elas me perguntam se é normal dar risada. E eu digo: "Se o tempo é de chorar, pode rir até chorar. Pode morrer de rir, até! É permitido ficar triste até a última lágrima, dar risada até estremecer."

Faz muito bem nos lembrarmos dos momentos engraçados que vivemos com a pessoa que morreu. Quando recebo alguém enlutado, peço que enumere tudo de bom que a pessoa falecida ensinou a ele. Depois sugiro que me conte alguns momentos muito engraçados que viveram juntos. Com esses dois convites, assisto a um tempo lindo bem na minha frente, quando o enlutado volta a se encontrar com seu ente querido de um jeito novo em meio à dor. Quase sempre, ele fala sobre a perda, a doença, o sofrimento e a morte. Mas, quando provoco lembranças da vida em comum, lembranças boas, intensas, transformadoras, trago de volta a essência daquela relação.

É nessa conversa que posso mostrar ao enlutado como a vida deixada por aquela pessoa que morreu é plena de significado; afinal, o aprendizado e a história em comum não morrem nunca. O enlutado jamais será privado das lembranças e dos sentimentos. O Amor não morre com o corpo físico. O Amor sempre permanece. Se você perdeu ou está perdendo alguém que ama muito, faça esse exercício. Enumere o que aprendeu e, em seguida, relembre dias muito engraçados com aquela pessoa. Medite sobre as risadas altas que essas lembranças desencadearão. As lágrimas que você vai verter nesse processo aliviarão muito a sua dor. As lágrimas são feitas de água salgada, como o mar. Chorar essa emoção é como tomar banho de mar de dentro para fora.

Tudo pode morrer, exceto o Amor. Só o Amor merece a imortalidade dentro de nós.

"As coisas em geral não são tão fáceis de aprender e dizer como normalmente nos querem levar a acreditar; a maioria dos acontecimentos é indizível, realiza-se em um espaço que nunca uma palavra penetrou, e mais indizíveis do que todos os acontecimentos são as obras de arte, existências misteriosas, cuja vida perdura ao lado da nossa, que passa."

Rainer Maria Rilke

A MORTE NOS TEMPOS DA COVID

"A vida vira.
O chão foge,
o céu desaba.
Tudo cai.
Acaba.
Você pira.
Para.
Respira.
A poeira abaixa.
O sol brilha.
Recomeço:
é quando a vida volta.
Leve, cheia de horizonte."
Ana Claudia Quintana Arantes

Parece gripe, das fortes. Uma tosse seca, chata. Vem a febre. A incapacidade de sentir cheiros, o gosto ruim de tudo o que chega à boca, uma sensação horrível. Aos poucos, o fôlego fica curto e, mesmo com todo o ar disponível neste mundo, parece não existir o suficiente para que se possa respirar. O ar começa a faltar nos pulmões, inflamados. Sensação de fraqueza generalizada, hospital, teste. Positivo para covid. Pânico, choro, ansiedade. Internação, silêncio da voz, sons deprimentes, alarmes. UTI.

Para quem ficou do lado de fora do hospital, o medo e a necessidade de ouvir o toque do telefone. E então as notícias que chegam gritando: a ausência eterna da alegria do reencontro. A morte de quem esperávamos que sarasse.

Até março de 2022, dois anos depois do primeiro diagnóstico por covid-19 no Brasil, mais de 650 mil brasileiros tinham morrido nessa pandemia. A maioria, arrisco dizer, viveu o terrível roteiro que acabei de descrever. Incontáveis brasileiros, familiares ou amigos experimentaram a dor de internar uma pessoa amada e mergulhar num silêncio preenchido por medo e angústia. Especialmente nos primeiros tempos da doença, quando nós, profissionais de saúde, ainda sabíamos muito pouco sobre o vírus e sobre como combatê-lo, a morte por covid foi assim.

Havia o terror do paciente a quem tínhamos que informar: "Vamos ter que intubar você." Havia também a falta de comunicação com os familiares, não por desumanidade nossa, mas pelo corre-corre das UTIs que transbordavam de doentes muito graves. Faltavam medicamentos, equipamentos, oxigênio. Faltavam médicos e enfermeiros, derrubados, também eles, pela doença. Faltavam motivos para ter esperança. Profissionais de saúde que antes da pandemia se orgulhavam de dizer "no meu plantão ninguém morre" saíam de plantões dramáticos onde morriam dez, quinze, vinte pessoas num período de 12 horas de trabalho insano. Não saber lidar com isso foi uma grande dor – mais uma adicionada à lista de sofrimentos que a pandemia nos entregou.

Esses mesmos profissionais de saúde que passavam dias e noites em luta pela vida saíam dos hospitais de campanha, deparavam com bares cheios e pensavam, desolados: "Amanhã cuidaremos dessas pessoas." Sobrou indignação e revolta. Faltou responsabilidade.

A morte nos tempos da covid não foi um dia que valesse a pena viver para a maioria – para quem estava no leito de UTI e para quem estava diante dele, oferecendo seu cuidado a alguém em sofrimento. Eram mortes solitárias e desamparadas que ocorriam sob o olhar de profissionais exaustos e desesperados. E até hoje, e talvez por muito mais tempo ainda, viveremos a repercussão de todas as mudanças que a pandemia trouxe ao nosso modo de ver a vida.

No início da pandemia, eu dizia que não adiantava relativizar a morte afirmando que "apenas" 6% das pessoas morriam, argumentar que isso tudo não era tão grave. Quando morre alguém que você ama, sua perda é de 100%. A pessoa morre e você a perde inteira, passando a habitar um espaço de vida e de tempo sem ela. E viver sem uma pessoa amada não é algo simples. Infelizmente tem quem perca a chance de ficar calado e abra a boca para dizer bobagens como "Ah, já era velhinho", "Já estava doente", "Já tinha muitas complicações", "Não tinha plano de saúde, morava na periferia", "A família não cuidou". Tem sempre uma frase que explica uma morte, mas não tem nada nessas explicações que alivie a dor de alguém.

Algumas pessoas me dizem: "Ana, tem pessoas que não vivem o luto." Na verdade, nos tempos de covid as pessoas viveram o luto do jeito que tiveram condição de viver.

Dentro desse processo de luto existe uma parte necessária. Todos nós que perdemos alguém que amamos temos que passar por isso; temos direito ao grito, direito a essa dor. Não há palavras que caibam no grito da dor de quem perdeu alguém.

Que tempos terríveis vivemos. E ainda viveremos.

No entanto, escolher o que extrair desse tempo está nas nossas mãos.

Do ponto de vista dos Cuidados Paliativos, é preciso dizer que a presença escancarada da morte trouxe uma visibilidade incomum ao que fazemos. Se até então nosso trabalho era invisível para a sociedade, restrito ao paciente e a um pequeno grupo de familiares, com a pandemia ele ganhou acolhida e relevância. Posso dizer até que se tornou ainda mais valioso e necessário. Aos poucos, não apenas nós, paliativistas, mas muitos profissionais de saúde entenderam que era possível haver uma morte digna mesmo com a necessidade do distanciamento físico.

A tecnologia foi uma grande aliada. Antes da pandemia, os celulares e computadores eram usados em detrimento da presença física de uma pessoa. Lembro de entrar num restaurante e ver todas as mesas ocupadas por gente que olhava para seus aparelhos celulares ignorando o outro à sua frente. E esse outro também estava usando o próprio celular. Presenças ausentes eram muito frequentes. Mas na pandemia a vida se comportou como uma mãe que educa filhos difíceis: "Agora vocês vão ter que ficar em casa usando seus aparelhinhos para a finalidade realmente mais importante a que se destinam: conectar seres humanos que desejariam estar uns diante dos outros em carne e osso." E na pandemia o verbo se fez carne. A voz precisou aprender a ser abraço.

O celular, que usávamos para nos distrair e nos afastar de nossa humanidade, tornou-se, em certas circunstâncias, a única forma de praticar essa humanidade. Lutamos pela aprovação da Lei da Videochamada, sancionada em setembro de 2021, mas em vigor desde muito antes, apesar das amarras que tentaram nos impor. De acordo com essa lei, os serviços de saúde devem propiciar no mínimo uma chamada por vídeo por dia a pacientes internados. A lei nasceu do aprendizado de que o distanciamento físico exigido pela covid não precisava ser sinônimo de isolamento social. Quantos áudios toquei para pacientes graves, com as vozes de seus entes queridos falando de saudades e de esperança. Quantas pálpebras vi tremer em pessoas que estavam "inconscientes". Sabemos que o amor é capaz de penetrar estruturas insondáveis.

Com a covid veio o reconhecimento de que saber cuidar pode ser mais importante do que ajudar a curar. Cuidar na presença e cuidar na ausência.

Quanto aprendemos, nós, da área de saúde! Aprendemos a cuidar de maneira ainda mais compassiva na presença. Aprendemos que, antes de ser intubado, a voz do profissional da UTI talvez fosse a última que aquele paciente ouviria. Então aprendemos que podíamos dizer a ele, olhando-o nos olhos: "Eu vou fazer o melhor que puder por você." Se a última mensagem que escutarmos na vida for essa, pode ter certeza de que terá valido a pena.

Cuidar na presença significa sobretudo mitigar o sofrimento físico. Quantos profissionais de saúde terão aprendido a usar adequadamente medicamentos que trazem alívio a doentes graves. A dar más notícias de modo cuidadoso, amoroso e sensível. Apesar de tantas tragédias, a covid descortinou para nós, da saúde, uma jornada bonita que abraça a impotência e se rende à própria humanidade – sem que arredemos pé um milímetro sequer do melhor que podemos fazer por cada paciente de que cuidamos.

Aprendemos também a cuidar na distância.

Se em muitos momentos não era possível estar perto, entendemos que era possível fazer de outra maneira. Certa noite, uma jovem médica a quem conheci estudante me mandou uma mensagem. Estava exausta, insone fazia alguns dias e, o mais dolorido para ela: não conseguia chorar. Era médica de família e trabalhava em uma unidade de atenção básica à saúde onde faltavam recursos. Os hospitais para os quais tentava encaminhar seus pacientes estavam cheios, também eles sem recursos. Não consigo imaginar os pesadelos daquela moça. "Eu posso ajudar", disse a ela. "Posso lhe fazer companhia." Liguei, por videochamada, nos cumprimentamos, e então deixamos que o silêncio se instalasse. Eu a olhava amorosamente, tomada por uma compaixão imensa. Assim ficamos por longos minutos, até que ela começou a chorar. E chorou por um tempo que não consigo medir. Então, ensaiando um sorriso, me disse: "Agora falta dormir."

Pedi a ela que pousasse o celular ao lado, no travesseiro. Avisei que ficaria ali até que ela adormecesse, que não desligaria. E fiquei. Os olhos dela se fecharam, a respiração ficou mais tranquila e em poucos minutos minha jovem amiga adormeceu. Somos capazes de cuidar, de muitas maneiras, e não me refiro apenas a médico e paciente – nessa história, era um cuidar entre pessoas que se gostam. Simples assim.

A pandemia nos ensinou que a viabilidade da vida depende de cuidado. Passado o primeiro pânico, entendemos que, ao nos protegermos – usando máscaras adequadamente, evitando sair além do essencial em momentos críticos do contágio, fugindo de aglomerações –, protegíamos também o outro. No ambiente do paliativismo, a qualidade do cuidado que tínhamos a oferecer é que trazia a possibilidade de um desfecho digno: o cuidado com a prescrição de medicamentos, com o uso maravilhoso da tecnologia, com as palavras.

Tenho refletido muito sobre o que vivemos e como podemos sair melhores dessa imensa catástrofe sanitária. Creio que o cuidado seja a mensagem mais eloquente. Com o avanço da vacinação e a descoberta de remédios eficazes, começamos a nos reconciliar com a vida cotidiana. É uma reconciliação madura, pois a vivência da pandemia não será esquecida. O vírus e suas mutações velozes nos ensinaram com mais clareza do que nunca quão interdependentes somos uns dos outros.

Fui abençoada com a possibilidade de ajudar muita gente durante esses tempos sombrios. Com apoio de amigos portugueses e de colaboradores brasileiros, criei o podcast "Pílulas de saber e de sabedoria", voltado para profissionais de saúde e disponível nas principais plataformas. Nos episódios, a maioria deles curtos, como deve ser algo direcionado a profissionais tão assoberbados, ensinávamos conteúdos técnicos, maneiras de dar más notícias, líamos poemas que pudessem abraçar nossos médicos, enfermeiros, fisioterapeutas e tantos outros que estavam na linha de frente. Criamos uma meditação para que esses profissionais pudessem se paramentar em atenção plena, pois sabíamos que muitos pegavam covid por descuido na hora de se preparar para o ingresso em ambientes contaminados.

No começo da pandemia, em março de 2020, fui tomada por um medo profético. Combinando minha intuição com meu conhecimento técnico, eu de algum modo soube que aquilo poderia ser grande. Quando a covid tinha matado apenas um brasileiro, eu já pensava em 4 mil por dia. Durante um tempo, essa sensação me paralisou. Me encerrei em casa, saindo apenas quando indispensável e vestida como um astronauta. Busquei refúgio e consolo nas tarefas domésticas. Limpar o fogão. Varrer o chão. Regar as plantas. Com o tempo, porém, compreendi que a questão não era enxergar o copo meio cheio ou meio vazio, e sim ter músculos para segurar o copo durante muito tempo – porque, meio cheio ou meio vazio, o peso seria o mesmo. A prova seria de resistência. Precisei lembrar a mim mesma que eu era capaz de ajudar. Sei como ajudar. Em vez de contemplar a minha impotência, voltei meu olhar para o que eu podia fazer. Não posso ajudar todo mundo, mas consigo ajudar uma pessoa hoje.

O cuidado é a chave. Talvez seja cedo para afirmar isso, mas até este momento acredito que seja mesmo essa a grande lição, a que ficará para sempre.

Desde a chegada da covid, deixamos muitos mortos pelo caminho. Não apenas levados pelo novo coronavírus, claro: as pessoas continuaram morrendo de doenças cardíacas, de câncer, de atropelamento, de mil causas conhecidas ou misteriosas. Ao pensarmos nos nossos mortos, estendamos a nós mesmos o conceito de cuidado: essas pessoas só precisaram de um dia para ir embora, mas não ficaram na nossa vida um dia só. As que conheci e que morreram estiveram comigo por algum tempo, às vezes muito tempo, antes de sua morte. Tenho certeza de que você me lê agora e pensa: "Verdade, meu pai, minha mãe, meu irmão, meu marido ou minha esposa também ficou bastante tempo comigo, menos do que eu gostaria, mas foi um bom tempo."

Permita-se pensar no amor e no silêncio pacificador que reina no território das boas memórias. E sigamos, por nós e por eles, porque sobrevivemos. Graças a isso, temos uma nova chance de viver uma vida que nos permitirá pensar na morte como um dia que merece valer a pena viver.

Essa dor sentida pela perda vai passar. No lugar dela, vai ficar uma dor de saudade, porque saudade dói também. Uma dor boa. Mas isso existe?

Sim, existe dor boa. Essa dor de saudade é uma dor boa. Mas ela só vai acontecer se conseguirmos nos desapegar da dor ruim. Muitas pessoas que passam pelo processo de luto se apegam à tristeza e à ausência, porque vivem uma dor tão intensa pela perda daquela pessoa amada que não conseguem imaginar o momento em que vão ter o direito de sorrir sem tê-la por perto.

Felizmente, a vida chama. Ela precisa de você em outro lugar que não na dor.

A vida não vai voltar ao "normal" anterior. Não vai ser a mesma de antes porque a vida de antes destes tempos não existe mais. Mas essa notícia não traz uma sentença. Um dia acordamos e o dia está bonito. A vida segue, e o nosso coração continua batendo, incansável nessa vontade de seguirmos vivos. A capacidade de ver um dia bonito é como o som do coração que precisa ser ouvido com atenção. Pois, assim como nosso coração faz o sangue fluir neste instante por todo o nosso corpo, o nosso olhar pela vida pode nos fazer sentir a vida diferente, mais viva, mais forte, mais corajosa. E – por que não? – mais leve.

Precisaremos trabalhar bastante por isso, mas ainda bem que estamos aqui.

VAMOS FALAR SOBRE O BRASIL

*"Verás que um filho teu não foge à luta
Nem teme, quem te adora, a própria morte."*

Como um plantio de sementes que demoram a brotar, o desenvolvimento de virtudes preciosas como a paciência e a determinação são parte do dia a dia dos profissionais de saúde que insistem em praticar Cuidados Paliativos em nosso país. Há muita discussão sobre os motivos pelos quais estamos quase trinta anos atrasados em relação ao patamar de qualidade em que se encontram os países da América do Norte e da Europa. Para termos uma ideia do processo, existem atualmente no Brasil cerca de 180 serviços de Cuidados Paliativos, a maioria deles públicos, enquanto nos Estados Unidos há mais de 4 mil.

A imaturidade tem sido a justificativa mais comentada para isso. Mas, revisando o passado, entendo que nossa sociedade é feita basicamente de descendentes de imigrantes, já que os brasileiros nativos eram os índios, e entre estes a preservação da cultura de origem é bem mais respeitada. Esses imigrantes vieram para o Brasil em busca de oportunidades que não foram capazes de encontrar em seu país de origem. Fugindo de guerras, fome, escravidão e morte, atravessaram o oceano para se encantar com esta terra "quase" prometida, farta de beleza, de espaço, de fertilidade. Assim, aprenderam a reconstruir as expectativas de uma vida feliz. Como fugiram da morte, esse tema ficou impossibilitado de reinar em seus pensamentos durante a vida por aqui. Penso que, por isso, nossa brasilidade não nos permite conversar sobre o assunto. Os que permaneceram em seu país de origem souberam que a morte chega, mas a vida prevalece. Vieram guerras, recessão, fome, mas também a reconstrução, o renascimento da esperança a cada dia de luta e permanência na regeneração do dia a dia. Por aqui, os que chegaram conseguiram perpetuar o legado de manter sempre o olhar no horizonte, que não permite pensar na morte como possibilidade mais real do desfecho da vida humana. E assim seguimos, com nosso jeitinho brasileiro de sempre saber como controlar as dificuldades e sorrir cada vez que conseguimos driblar os problemas.

Assim caminha nossa humanidade. Mas ser desse jeito não nos privou de experimentar todo o sofrimento ao alcance de uma doença que chega sem se importar com nosso corpo, nossos medos, nossos amores. As doenças vêm e ameaçam a continuidade da vida. Não importa a origem do ser humano que adoece, o sofrimento vai fazer morada em sua vida e, se não houver como amenizar tudo isso, o fim será quase sempre um horror.

Segundo uma pesquisa da *The Economist* de 2015, já citada em outro capítulo, o Brasil ficou em 42º lugar num ranking de qualidade de morte, entre 83 países avaliados. Uganda, que em 2010 estava atrás de nós nessa classificação, passou à nossa frente por ter tido a chance de experimentar o surgimento das políticas públicas de assistência em Cuidados Paliativos, fato que leva esses cuidados a um novo patamar de evolução. Em 2016, dando continuidade ao trabalho incansável da equipe que o antecedeu, o Dr. Daniel Forte, ao lado de toda uma equipe compromissada e parceira, alcançou um espaço jamais sonhado junto ao poder federal de nosso país. Após dezenas de reuniões, e-mails, discussões abertas e muita determinação, finalmente nós tivemos, em 2018, a aprovação e publicação no *Diário Oficial da União* das Políticas Públicas de Cuidados Paliativos no Brasil. Dessa forma, o Estado afirma que os Cuidados Paliativos são uma necessidade da sociedade, um direito, não mais restrito. Cerca de 75% da população brasileira, mais de 155 milhões de pessoas atendidas pelo SUS, terá acesso a essa abordagem tão valiosa e tão necessária quando tiver que enfrentar uma doença que ameace a continuidade de sua vida. Isso é um verdadeiro salto quântico em nossa jornada rumo à excelência de Cuidados Paliativos em nosso país.

Não tenho dúvida de que a sociedade também caminha agora mais consciente e mais orientada em relação à necessidade de pensar e conversar sobre a morte ainda enquanto estamos bem de saúde. Então, juntos, profissionais de saúde, pacientes, familiares, sociedade em geral, vamos lado a lado em direção a esta verdadeira "terra prometida", que cuida, que salva vidas, que protege do sofrimento insano e desnecessário. Somos capazes de fazer uma história belíssima dos Cuidados Paliativos aqui no Brasil e também no mundo, pois, como já mencionei muitas vezes em minha carreira, temos um entusiasmo próprio de quem sabe viver a esperança de dias melhores. Mas nosso desafio permanece entranhado nesta cultura de não pensar, não falar, não sentir nada sobre a morte.

Numa pesquisa de 2018 – solicitada pelo Sindicato dos Cemitérios e Crematórios Particulares do Brasil (Sincep) e realizada pelo Studio Ideia – que buscou identificar a percepção dos brasileiros frente a temas relacionados à morte, encontramos algumas bases que sustentam a necessidade de constantes intervenções em busca da abertura de nossa sociedade à questão da finitude.

Entre os principais resultados, está a baixa presença do assunto no dia a dia: 74% afirmam não falar sobre a morte no cotidiano. Os brasileiros associam também a morte a sentimentos difíceis, como tristeza (63%), dor (55%), saudade (55%), sofrimento (51%), medo (44%). Somente uma pequena parcela faz associação a sentimentos que não estão no campo da angústia, como aceitação (26%) e libertação (19%).

Essa dificuldade diante do assunto, porém, é reconhecida entre os entrevistados: em uma escala de 1 a 5 (em que 1 indica estar "nada preparado" e 5, "muito preparado"), a nota foi de 2,6 para a avaliação sobre se o brasileiro está pronto para lidar com a morte; em relação à própria morte, a média cai para 2,1. A pesquisa, baseada em uma amostragem de mil pessoas, representativa da população brasileira, mostrou que quanto mais se envelhece, mais presente o tema da morte se torna no cotidiano. Esse tipo de conversa está presente para 21% dos jovens entre 18 e 24 anos. Para aqueles com mais de 55 anos, o percentual salta para 33%. Um sintoma de que o tabu persiste ao longo da vida é que, mesmo havendo diferença entre as faixas etárias, ela ainda é bem pequena. Uma parcela significativa dos entrevistados vê o tema como algo depressivo (48%) e mórbido (28%). Eu ainda recebo mensagens frequentes de pessoas revoltadas com a minha prática em falar sobre a morte. Me acusam de mórbida e perguntam ironicamente se minha vida tem sentido enquanto eu abordo esse tema. Dizem até que sou um instrumento de levar tristeza à vida das pessoas quando toco nesse assunto. A raiva contida nas mensagens é algo revelador sobre a questão.

A pesquisa mostrou também que os brasileiros têm ressalvas sobre como e com quem falar sobre a morte: 55% concordaram que "é importante conversar sobre a morte, mas as pessoas geralmente não estão preparadas para ouvir". No jogo Cartas das Escolhas Sagradas, da Associação Casa do Cuidar, para uso entre pessoas com doenças em fase mais avançada e que desejam falar sobre o que é importante para elas nesse momento, uma das cartas mais significativas diz: "Ser capaz de conversar sobre o que me assusta". Considero que a carta mais próxima dessa seria: "Ter alguém que me escute". Se para 57% dos entrevistados o tema pertence à esfera da intimidade, a maioria apontou amigos e parentes próximos como pessoas mais procuradas para conversar sobre isso.

E, apesar de ser o grande tabu, ninguém escapa de ter que lidar com isso em algum momento: seja quando se está gravemente doente ou por ocasião da morte de alguém muito próximo. Ainda temos muito que trabalhar para essa nova fase do Brasil. Certamente esse avanço das políticas públicas deve nos aproximar de uma realidade mais humana e de maior qualidade técnica em relação aos cuidados dispensados ao sofrimento das pessoas adoecidas. Partimos agora rumo ao empenho na formação de profissionais de saúde e na sensibilização para a conversa responsável e compassiva sobre a nossa morte.

O tempo da pandemia da covid-19 mostrou quanto a sabedoria dos Cuidados Paliativos é indiscutivelmente necessária no dia a dia dos médicos que lidam com pessoas acometidas por doenças que ameaçam a continuidade da vida. Aqueles que não sabiam nada sobre o tema – a maioria – se viram imersos num sofrimento jamais vivenciado na história do nosso país. Dias com mais de 4 mil mortos não valeram a pena viver para ninguém que esteve presente em cada uma dessas mortes.

E a lealdade com a causa da educação me proporcionou a chance ímpar de ter meia hora da atenção dos membros do Conselho Nacional de Educação, que, a partir desse momento, passou a defender a presença do conhecimento, das habilidades e das competências de Cuidados Paliativos nas diretrizes de ensino da graduação de medicina do Brasil. Esse talvez seja o meu maior legado nesta existência: através das mudanças na formação dos médicos, transformar a realidade de sofrimento diante da terminalidade da vida que leva meu país a ser o terceiro pior lugar do mundo para se morrer. Com meu coração cheio de esperança, espero que a próxima edição deste livro já traga a boa notícia que espero alcançar com este novo momento: o Brasil se tornar uma referência mundial na qualidade do trabalho de Cuidados Paliativos.

Embora os avanços científicos na medicina tenham sequestrado a morte para dentro do hospital, quase como um evento proibido, ela precisa ser devolvida para a humanidade. Temos direito a uma morte digna, tanto quanto temos direito a uma vida digna.

AGRADECIMENTOS

A alegria de agradecer traz a lembrança de tantos momentos incríveis e impensáveis pelos quais passei e que compartilhei nesses anos que eu poderia apenas sorrir diante dessas cenas na minha mente. Mas há urgência em agradecer mais uma vez ao Rogério Zé, que me entrevistou para fazer o TEDx FMUSP e me fez acreditar que essa ideia de fazer as pessoas pensarem na morte com mais vida poderia ser espalhada pelo mundo. Agradeço ao Gustavo Gitti, pela generosidade em permitir que as conversas sobre a morte se transformassem na doce semente deste livro. Agradeço o convite maravilhoso da Maria João para a escrita da primeira versão deste livro. E também agradeço ao Pascoal Soto, que me chamou para ser parte da história desta editora – gigante em gentileza e profissionalismo – que acolheu minha escrita. Gratidão à paciência e ao comprometimento da Sibelle Pedral nos ajustes do texto, que nos renderam lindos momentos acompanhados de bolo, café e muita inspiração. Aos meus amigos, em especial à Sonia, que sabe tão bem celebrar minhas alegrias e também abençoar minha fragilidade. Aos meus pais, que agora moram em mim, agradeço minha origem, minha força e minha determinação. E aos meus filhos, Maria Paula e Henrique, derramo minha gratidão por tanta presença e tanto amor na minha vida.

CONHEÇA ALGUNS DESTAQUES DE NOSSO CATÁLOGO

- Augusto Cury: Você é insubstituível (2,8 milhões de livros vendidos), Nunca desista de seus sonhos (2,7 milhões de livros vendidos) e O médico da emoção
- Dale Carnegie: Como fazer amigos e influenciar pessoas (16 milhões de livros vendidos) e Como evitar preocupações e começar a viver
- Brené Brown: A coragem de ser imperfeito – Como aceitar a própria vulnerabilidade e vencer a vergonha (600 mil livros vendidos)
- T. Harv Eker: Os segredos da mente milionária (2 milhões de livros vendidos)
- Gustavo Cerbasi: Casais inteligentes enriquecem juntos (1,2 milhão de livros vendidos) e Como organizar sua vida financeira
- Greg McKeown: Essencialismo – A disciplinada busca por menos (400 mil livros vendidos) e Sem esforço – Torne mais fácil o que é mais importante
- Haemin Sunim: As coisas que você só vê quando desacelera (450 mil livros vendidos) e Amor pelas coisas imperfeitas
- Ana Claudia Quintana Arantes: A morte é um dia que vale a pena viver (400 mil livros vendidos) e Pra vida toda valer a pena viver
- Ichiro Kishimi e Fumitake Koga: A coragem de não agradar – Como se libertar da opinião dos outros (200 mil livros vendidos)
- Simon Sinek: Comece pelo porquê (200 mil livros vendidos) e O jogo infinito
- Robert B. Cialdini: As armas da persuasão (350 mil livros vendidos)
- Eckhart Tolle: O poder do agora (1,2 milhão de livros vendidos)
- Edith Eva Eger: A bailarina de Auschwitz (600 mil livros vendidos)
- Cristina Núñez Pereira e Rafael R. Valcárcel: Emocionário – Um guia lúdico para lidar com as emoções (800 mil livros vendidos)
- Nizan Guanaes e Arthur Guerra: Você aguenta ser feliz? – Como cuidar da saúde mental e física para ter qualidade de vida
- Suhas Kshirsagar: Mude seus horários, mude sua vida – Como usar o relógio biológico para perder peso, reduzir o estresse e ter mais saúde e energia

sextante.com.br